한 발짝 더, AI 세상으로

# 한 발짝 더, AI 세상으로

최재운 지음

BREAKING NEWS

㈜자음과모음

# 차례

# PART 2  AI 리터러시로 준비하는 우리의 미래

## 의심하고 또 의심하라!

## 인공지능과의 특별한 대화법

## 인공지능과 함께 살아갈 우리들

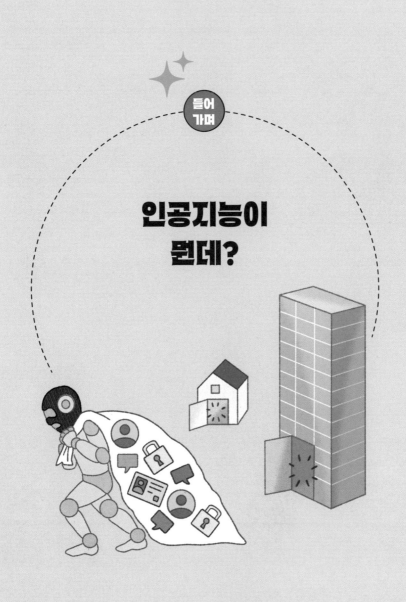

# 인공지능이
# 뭔데?

## 고대에서도 찾아볼 수 있는
## 인공지능

우리는 AI 시대에 살고 있습니다. AI는 'Artificial Intelligence'의
줄임말로, 우리 말로는 '인공지능'이라고 하죠. 누구나 한번쯤 들어
보았을 이 단어는 과연 어떤 의미일까요? 단어를 그대로 풀이하면
'사람人이 만든工 지능知能'을 뜻합니다. 간단히 말해 인간처럼 생각
하고, 배우며, 판단할 수 있는 능력을 갖춘 기계나 시스템입니다.

오늘날의 인공지능은 수학, 과학 등 다양한 문제를 해결하고, 사
람의 언어를 이해하며, 우리의 목소리를 알아듣는 것뿐만 아니라
글을 쓰고, 그림을 그리고, 영상까지 만듭니다. 그러니 그야말로 AI

시대라고 해도 과언이 아니죠.

그런데 이 인공지능이라는 개념은 현대에 갑자기 등장한 것이 아닙니다. 아주 오래전부터 인간은 '스스로 생각하는 존재'를 꿈꿔 왔습니다. 그리스 신화에는 피그말리온이라는 조각가가 등장합니다. 그는 자신이 만든 조각상인 갈라테이아를 너무나 사랑한 나머지 자신과 같은 사람이 되기를 바랍니다. 그리고 그의 소원을 들은 신이 갈라테이아를 인간으로 만들어 주었죠.

이 이야기 외에도 유대교 전설에 등장하는 골렘golem이 있습니다. 골렘은 흙으로 만들어진 인공 생명체로, 인간이 주술을 통해 생명을 불어넣은 존재입니다. 골렘은 창조자의 명령을 따르며 공동체를 지키는 역할을 맡았다고 전해집니다. 하지만 일부 전설에서는 통제에서 벗어나 위험을 초래하는 존재로 등장하기도 합니다. 오늘날의 인공지능이 가지고 있는 윤리적 문제가 떠오르는 순간입니다.

이런 자아가 있는 만들어진 존재에 대한 전설과 신화는 이후 많은 예술 작품에 영향을 미쳤습니다. 우리에게 익숙한 이야기인 『피노키오의 모험』(1883)의 피노키오와 『오즈의 마법사』(1900)에 등장하는 양철 나무꾼을 통해서도 우리는 "인간의 창조물이 진정한 감정을 가질 수 있을까?"라는 질문을 던져 볼 수 있습니다.

이처럼 현재 인공지능의 개념이 등장하기 훨씬 이전부터 '인간'

이 '만든' '지능'을 가진 창조물에 대한 고민과 성찰을 담은 작품들이 있었죠. 지금도 인류의 사고방식은 과거와 크게 다르지 않습니다. 그래서 우리는 종종 과거의 일에서 교훈을 얻어 미래를 조망합니다. 인공지능 분야에서도 마찬가지입니다. 인류가 오랫동안 다양한 인공물과 맺어 온 관계를 돌아보는 것은 우리가 인공지능을 어떻게 만들어 나가고, 또 어떤 방식으로 공존할 수 있을지를 고민하는 데 중요한 힌트가 될 것입니다.

## 튜링의 '생각하는 기계'

20세기 초중반, 컴퓨터의 개념이 제시되고 실제로 발명되면서 인공지능은 현실화되었습니다. 관념으로만 존재했던 인공지능을 투영할 대상으로 컴퓨터가 딱 들어맞았죠. 이렇게 시작된 인공지능의 역사는 백 년이 채 되지 않지만, 하나하나 자세히 살펴보려면 상당한 지면이 필요합니다. 따라서 이번 챕터에서는 가장 결정적인 장면을 중심으로 살펴보겠습니다.

먼저 인공지능의 아버지라 불리는 앨런

인공지능의 선구자 앨런 튜링

튜링Alan Turing은 1912년 영국에서 태어난 컴퓨터 과학자이자 수학자입니다. 사십 년이 조금 넘는 그의 인생은 위대한 업적과 비극적 결말로 인해 많은 미디어에서 재조명되었습니다. 특히 영화 〈어벤져스〉 시리즈에서 닥터 스트레인지 역으로 유명한 베네딕트 컴버배치Benedict Cumberbatch 주연의 영화 〈이미테이션 게임The Imitation Game〉(2015)에 그의 인생이 잘 담겨 있습니다. 스티브 잡스Steve Jobs는 공식적으로 부인했지만, 애플의 한 입 베어 먹은 사과 로고가 그의 비극적 죽음과 연관이 있다는 루머 역시 튜링의 삶을 더욱 극적으로 보이게 하죠.

대중에게 가장 잘 알려진 그의 업적은 제2차 세계대전 중에 독일군의 암호를 해독한 일입니다. 이는 영화 〈이미테이션 게임〉의 주요 소재이기도 한데요. 당시 독일군은 에니그마Enigma라는 암호 기계를 사용해 기밀 정보를 보호했습니다. 그들은 에니그마를 난공불락의 암호 체계라 굳게 믿었죠. 에니그마는 암호를 풀기 위한 경우의 수가 무려 1해 5,900경에 달했거든요.

하지만 1939년 영국은 이에 굴하지 않고 에니그마 해독을 위한 드림 팀을 소집합니다. 소집된 인물들은 수학계에서 천재로 꼽히던 인재들로, 무려 스무 명이 넘었습니다. 그리고 이들의 책임자가 바로 튜링이었죠.

튜링은 '기계가 만든 암호는 기계가 풀어야 한다'라는 신념하에 에니그마를 해독할 수 있는 특별한 기계인 '튜링 봄베Turing Bombe'를 개발합니다. 튜링 봄베는 아날로그 방식이기 때문에 최초의 전자식 컴퓨터는 아니지만, 인간이 할 수 없는 계산을 자동으로 수행한다는 점에서 넓은 의미로 볼 때 최초의 컴퓨터 유형 중 하나로 분류되기도 합니다.

연합군은 이 기계 덕분에 독일군의 암호를 해독할 수 있었죠. 이후 독일군의 정보는 연합군에 속속 넘어갔고, 미국의 참전과 함께 전황은 연합군에 더욱 유리해졌습니다. 특히 해독한 정보를 바탕으로 노르망디 상륙 작전과 같은 주요 전투에서 효율적인 작전을 수행할 수 있었죠. 튜링과 그의 팀 덕분에 전쟁이 약 이 년 정도 빨리 끝날 수 있었다고 합니다.

제2차 세계대전이 끝난 1950년, 그는 역사적인 논문 「계산 기계와 지능Computing machinery and intelligence」을 발표하는데요. 이 논문에서 그는 매우 흥미로운 질문을 던지며 글을 시작했습니다.


**"기계는 생각할 수 있는가?(Can machines think?)"**


튜링은 이 질문에 답하기 위해 기계가 계산만 하는 것을 넘어 사람처럼 생각하고 대화할 수 있을지 탐구하기 시작했습니다. 하지만 '생각한다'는 개념이 너무 추상적이고 어려웠죠. 그래서 그는 좀 더 실용적인 방식으로 질문을 바꿉니다. "기계와 사람처럼 대화할 수 있다면, 우리는 그 기계가 '생각한다'고 볼 수 있지 않을까?"라고 말이죠. 기계가 실제로 생각할 수 있는지는 잠시 미뤄 두고, 사람처럼 대화를 나누고 그 내용을 이해할 수 있는지 먼저 확인해 보자는 것이었습니다.

튜링은 흔히 '튜링 테스트'라고 불리는 '모방 게임imitation game'을 제안합니다. 앞서 언급한 영화의 제목도 여기서 나왔습니다. 이 테스트는 심판으로 나서는 사람이 컴퓨터와 대화하고, 그때 심판이 자신의 대화 상대가 컴퓨터인지 사람인지 구분하지 못하면 그 컴퓨터는 인간처럼 생각할 수 있다고 보는 것입니다. 즉, 이 테스트를 통과한 컴퓨터의 경우 '지능이 있다'고 합의하고, 그런 기계를 만드는 방법을 연구해 보자고 제안한 것이죠.

튜링의 아이디어로 사람처럼 대화하고 문제를 해결하는 기계를 만들기 위한 여정이 본격적으로 시작되었습니다. 물론, 인공지능 기술이 발전함에 따라 기존의 튜링 테스트만으로 인공지능의 성능을 측정하기 어려워졌습니다. 그래서 더욱 진화된 방법을 제안하는 학자들도 있죠. 하지만 시간이 흘러도 기계와 인간의 관계를 처음 생각한 튜링 테스트의 가치만은 영원히 남아 있을 것입니다.

튜링은 이렇게 컴퓨터 과학과 인공지능 분야에서 큰 업적을 남겼지만, 안타깝게도 그의 마지막은 좋지 못했습니다. 그런 아픔을

뒤로 하고, 컴퓨터 과학계는 그의 업적을 기리기 위해 매년 큰 공헌을 남긴 연구자에게 '튜링상'을 수여합니다. 이 상은 컴퓨터 과학 분야에서 가장 권위 있는 상으로, '컴퓨터 과학의 노벨상'으로 불리죠.

## 노벨 물리학상을 수상한 인공지능의 대부, 제프리 힌턴

노벨상은 컴퓨터 과학이 독립적인 분야로 자리 잡기 이전에 만들어졌기 때문에 컴퓨터 과학 분야는 늘 소외되었습니다. 이에 컴퓨터 과학계는 독자적인 상을 제정했습니다. 그것이 위에서 언급한 튜링상입니다. 2018년에는 딥 러닝<sup>deep learning</sup>의 기초를 다진 제프리 힌턴<sup>Geoffrey Hinton</sup>을 비롯한 세 명의 연구자가 이 상을 수상했죠. 특히 힌턴은 인공지능계의 대부로 불리며 큰 영향력을 발휘해 왔습니다.

그리고 마침내 2024년, 컴퓨터 과학 분야가 노벨상의 영역으로 들어서게 되었습니다. 제프리 힌턴이 존 홉필드<sup>John Hopfield</sup>와 함께 노벨 물리학상을 수상한 것입니다. 인공지능과 물리학의 연관성에 대한

노벨 물리학상을 수상한 제프리 힌턴

논란도 있었지만, 힌턴의 연구가 통계 물리학을 활용했다는 점과 인공지능이 다양한 물리학 분야에서 활용되고 있다는 점을 인정받았습니다.

힌턴은 인간의 뇌가 작동하는 방식을 컴퓨터로 모방하는 인공 신경망 연구에 주목했습니다. 우리의 뇌는 뉴런이라는 세포가 서로 연결되어 신호를 전달하며 복잡한 사고를 가능하게 합니다. 힌턴은 이러한 활동을 컴퓨터에 구현하여, 컴퓨터가 사람처럼 학습하고 사고할 수 있게 만들고자 했습니다.

하지만 그가 연구 활동을 활발히 하던 1980년대는 인공 신경망 연구가 외면받던 시기였습니다. 인공 신경망이 특정 문제, 즉 두 입력값이 서로 다를 때만 참true이 되는 XOR 문제를 풀 수 없다고 알려져 있었기 때문이죠.

그럼에도 불구하고 힌턴은 자신의 연구에 확신을 가지고 전력을 다했습니다. 그리고 1986년, 동료 연구자들과 함께 인공 신경망의 오랜 난제를 극복할 방법을 제시한 획기적인 논문을 발표합니다. 여기서 그는 여러 개의 신경망을 동시에 활용하면서 에러는 줄일 수 있는 방법을 제안하죠. 이를 통해 기존에는 풀 수 없다고 알려진 문제들이 해결되었습니다. 인공 신경망의 화려한 부활을 알린 중요한 순간이었죠.

이후 2006년, 힌턴은 이를 더욱 발전시켜 신경망을 겹겹이 쌓아 올린 심층 신뢰 신경망<sup>Deep Belief Network, DBN</sup> 기술을 발표합니다. 이는 딥 러닝의 원형이 되었고, 오늘날 딥 러닝은 인공지능 발전을 이끄는 핵심 기술이 되었습니다. 바둑에서 세계 챔피언을 이긴 알파고<sup>AlphaGo</sup>와 사람처럼 자연스럽게 대화하는 챗GPT<sup>ChatGPT</sup> 역시 딥 러닝을 기반으로 하고 있습니다.

딥 러닝 덕분에 인류의 오랜 꿈이었던 스스로 생각하고 학습하는 기계의 등장이 현실에 가까워졌습니다. 그리고 이 기술의 기초를 다진 인물이 바로 제프리 힌턴입니다. 이 정도면 노벨 물리학상 수상은 당연한 결과겠죠?

## AI 시대의 개막을 알린
## 알파고

제프린 힌턴이 쏘아 올린 딥 러닝이라는 작은 공은 시간이 지나면서 점차 커졌습니다. 학계는 딥 러닝의 뛰어난 성능과 가능성에 주목했고, 많은 학자가 이 분야에 뛰어들었습니다. 특히 2010년대에 들어서면서 딥 러닝은 음성 인식, 이미지 인식 등의 분야에서 놀라운 성과를 보여 주었습니다.

분야의 발전 초창기, 가장 큰 문제는 딥 러닝이 복잡하고 깊은 구조를 가지다 보니 이를 구동하는 데 막대한 컴퓨팅 자원과 시간이 필요하다는 것이었습니다. 한마디로 일상적으로 사용하기 어려웠죠. 이때 흔히 그래픽 카드라고 부르는 GPU<sup>Graphic Processing Unit</sup>의 등장이 이 문제를 해결하는 혁신적인 전환점이 되었습니다.

GPU는 말 그대로 그래픽 처리를 위해 개발된 하드웨어입니다. 단순 연산을 동시에 처리하는 용도죠. 이 특성이 딥 러닝에도 적합했는데요. 방대한 연산을 GPU가 효과적으로 처리해 딥 러닝 모델을 더욱 빠르고 효율적으로 구동할 수 있게 되었습니다. 물론 GPU 서버 구축에 많은 비용이 들긴 했지만, 과거 대비 연산 시간이 크게 줄어 상용화에 한 걸음 더 가까워졌죠.

딥 러닝의 진가를 세상에 알린 역사적인 순간은 2016년 3월, 서울 광화문에서 열린 구글 딥마인드<sup>Google DeepMind</sup> 챌린지 매치였습니다. 이세돌 9단과 구글 딥마인드의 인공지능 알파고의 바둑 대결이었죠. 체스에서는 이미 1997년에 IBM<sup>International Business Machines Corporation</sup>의 딥 블루<sup>Deep Blue</sup>가 세계 챔피언을 이긴 적이 있었지만, 바둑만큼은 인공지능이 인간을 이길 수 없다는 게 정설이었습니다. 고도의 전략적 사고가 필요하기 때문이죠.

그런데 알파고는 이 이론을 뒤엎었습니다. 이세돌 9단이 4국에서 '신의 한 수'로 한 판을 이겼지만, 알파고가 초반 세 판을 연달아 승리해 4승 1패로 최종 승리를 거두었습니다. 인간의 영역이라고

인공지능과 바둑

만 여겨졌던 바둑에서 인공지능이 승자가 된 것입니다.

모두의 예상을 깨고 인간을 이긴 알파고의 비결은 무엇일까요? 알파고는 딥 러닝과 강화 학습이라는 기법을 통해 스스로 학습하는 능력을 갖추었습니다. 수많은 바둑 경기를 분석하며 수천, 수만 가지 패턴을 익혔죠. 그리고 이 과정을 통해 최적의 수를 찾아갔습니다. 이후 개발된 새로운 버전의 알파고는 인공지능끼리 대국을 진행하며 바둑 실력을 키웠습니다. 단순히 프로그래밍된 지시를 따르는 게 아니라 바둑 내의 무궁무진한 가능성을 스스로 탐구하고 학습했기에 사람을 뛰어넘을 수 있었던 것이죠.

알파고의 승리를 계기로 전 세계가 인공지능을 주목했습니다. 딥 러닝의 능력도 대중에게 깊이 각인되었죠. 영화나 소설에서만 봐 왔던 인공지능이 우리 눈앞에 펼쳐진 것을 보며 사람들은 인공지능 기술의 발전을 체감했습니다.

이는 인공지능에 대한 관심과 투자의 증가를 불러왔습니다. 인공지능이 대중화되기 시작했고, 기술 발전은 가속화되었습니다. 많은 빅 테크는 인공지능을 능숙하게 다루는 인재를 채용하는 데 열을 올리며 어마어마한 자본을 투자했습니다. 국가적 차원의 투자도 진행되었죠. 알파고의 승리는 인공지능이 바둑 경기에서 인간을 이겼다는 단발성 사건을 넘어 본격적으로 AI 시대의 막을 연 상징적 사건이라 볼 수 있습니다.

알파고로 유명세를 얻은 딥마인드는 계속해서 인공지능 기술 개발에 전념합니다. 그리고 2024년, 딥마인드의 CEO 데미스 허사비스Demis Hassabis와 알파폴드AlphaFold 프로젝트를 총괄한 존 점퍼John Jumper는 알파폴드로 노벨 화학상을 공동 수상하는 쾌거를 이룹니다.

알파폴드는 단백질 3차원 구조를 예측하는 인공지능으로, 지난 수십 년간 인류가 풀지 못했던 단백질 구조 분석 문제를 단 몇 년 만에 거의 완벽하게 해결했습니다. 이를 통해 효소 설계부터 신약 개발에 이르기까지 다양한 분야에서 획기적인 발전이 이뤄졌죠.

존 점퍼의 경우 컴퓨터와 함께 화학도 공부했지만, 허사비스는 순수 컴퓨터 전공자입니다. 컴퓨터 과학자가 인공지능 개발로 노벨 화학상을 받은 전례 없는 일이 벌어진 것입니다. 이는 인공지능이 컴퓨터 과학의 영역을 넘어 인류의 과학적 발전 전반에 크게 기여하고 있음을 보여 줍니다.


## 인간과 대화하는
## 챗GPT 탄생!

알파고가 이세돌 9단을 꺾었을 때만 해도 인간과 유사한 인공지능이 곧장 등장할 것 같았습니다. 하지만 이후 몇 년이 지나도 대중에게 인공지능의 활약상은 뉴스에만 나오는 이야기였습니다. 영화에 등장하는, 모든 일을 완벽히 수행하는 인공지능은 먼 미래에나 나올 수 있으리라고 여겨졌죠. 하지만 2022년 11월 30일, 오픈AI^OpenAI라는 당시에는 조금 생소했던 기업이 출시한 챗GPT가 세상을 뒤집어 놓았습니다.

챗GPT는 'GPT^Generative Pre-trained Transformer'라는 대규모 언어모델^Large Language Models, LLM을 기반으로 사용자와 텍스트로 자연스럽게 대화를 주고받는 대화형 인공지능 프로그램입니다. 챗GPT 등장 이전에도 대화가 가능한 인공지능 챗봇들은 존재했습니다. 애플의 시리나 삼성의 빅스비 역시 대화가 가능한 인공지능입니다. 그러나 대부분은 인간의 언어를 제대로 이해하지 못하고 종종 엉뚱한 답변을 내놓곤 했죠.

반면, 오픈AI는 GPT 언어 모델을 바탕으로 방대한 양의 언어 데이터를 인공지능에게 학습시켰습니다. 이 세상에 존재하는 수많은 텍스트를 체계적으로 정리한 셈이죠. 여기에 딥 러닝 기술 중 가장 주목받는 트랜스포머Transformer 기술을 활용하여 마치 사람처럼 자연스러운 대화가 가능한 인공지능을 만들어 냈습니다.

이전 대화 내용을 기억하며 계속해서 대화를 이어가는 챗GPT의 등장에 사람들은 열광했습니다. 마치 실제 사람과 이야기하는 것 같고, 일상적인 내용 외에도 전문적인 영역의 대화까지 척척 해

오픈AI의 대화형 인공지능 프로그램 챗GPT

내는 모습에 모두 놀라움을 감추지 못했죠. 챗GPT는 출시 후 얼마 지나지 않아 1억 명 이상의 사용자를 확보하며 당시 기준으로 역사상 가장 빠르게 성장한 소프트웨어로 기록되었습니다.

이 예기치 못한 성공은 인공지능 분야에 대한 관심을 급격히 증가시켰습니다. 사람들은 챗GPT를 비롯한 '생성형 인공지능' 서비스를 하나둘 사용하기 시작했고, 이는 인공지능 분야에 대한 투자로 이어져 AI 붐이 일었습니다. 이에 마이크로소프트, 구글, 메타 등의 빅 테크는 인공지능 연구 개발과 투자에 집중하기 시작했고, GPU 시장을 사실상 독점하고 있는 기업인 엔비디아 Nvidia의 가치는 하늘 높은 줄 모르고 치솟았습니다.

챗GPT가 이렇게 주목받게 된 가장 큰 요인은 다재다능함입니다. 챗GPT는 앞에 언급한 사람과의 대화는 물론, 코딩·작사·작곡이나 동화·에세이 작성까지 다양한 작업을 수행할 수 있습니다. 시험 문제에 답하거나 새로운 문제를 만들기도 하고, 비즈니스 아이디어 생성·기획서 작성·번역·요약·업무용 메일 작성 등 전문적인 업무도 처리할 수 있죠. 법률과 의학과 같은 전문 영역에서도 신뢰도 높은 답변을 하면서 다양한 직군에서 챗GPT를 활용하는 사람들이 늘어나기 시작했습니다.

최근 챗GPT는 음성 대화도 가능해졌으며, 추론이 필요한 복잡한 수학 문제도 척척 풀어냅니다. 처음 등장했을 때만 해도 그럴듯한 대화를 생성하는 데 그쳤던 챗GPT가 사람처럼 추론하는 모습을 보여 줄 정도로 기술이 빠르게 발전하고 있는 것입니다.

일부 사람들은 인공지능의 빠른 발전과 놀라운 성능에 두려움을 느끼기도 합니다. 인공지능이 마치 사람처럼 사고하는 것 아니냐는 의문도 제기됩니다. 하지만 현재 챗GPT는 트랜스포머 기술로 사람의 언어를 흉내 낼 뿐, 자신이 무슨 말을 하고 있는지 이해하지는 못합니다. 단지 확률을 계산하여 다음에 올 가장 적합한 단어를 생성하는 방식에 불과하죠. 이러한 한계 때문에 몇몇 문제점도 드러났고요. 그럼에도 우리는 추론 영역까지 빠르게 발전하는 모습을 통해 챗GPT가 앞으로 보여 줄 무궁무진한 가능성을 엿볼수 있습니다.

앞서 이야기한 것처럼 인류는 인간처럼 생각하고, 배우며, 판단할 수 있는 기계를 만드는 것을 오랫동안 꿈꿔 왔습니다. 허황된 상상에 머물던 그 소망이 챗GPT가 등장하며 점차 현실이 되고 있습니다. 많은 사람이 챗GPT의 등장을 AI 시대의 본격적인 개막으로 평가하는 이유도 바로 이 때문입니다.

PART 1

# AI 시대를
# 이해하기 위한 첫걸음

인공지능의 발전은
수십 년 동안 이뤄진
가장 중요한 기술적 진보다.
°빌 게이츠

# 대세로 자리 잡은
# 생성형 인공지능

## 생성형 인공지능은 무엇일까?

챗GPT가 등장하기 이전에도 인공지능은 우리 생활 곳곳에서 활용되었습니다. 하지만 당시 사람들은 인공지능이 전문가만 다루는 기술이라고 생각했죠. 실제로 전통적인 인공지능은 주로 과거의 데이터를 분석해 미래를 예측하는 일을 했습니다. 지난 주식 시세를 학습해 앞으로의 주가를 예측하거나, 기존의 스팸 메일을 분석해 새로운 스팸 메일을 찾아내는 식이었습니다. 얼굴 인식이나 음성 인식 같은 작업 역시 주어진 데이터를 기반으로 분류하는 데 그쳤죠.

하지만 생성형 인공지능은 이전과는 전혀 다른 모습을 보여 주었습니다. 단순히 데이터를 분석하는 수준을 넘어 창의적인 작업까지 가능해졌습니다. 특히 대화의 흐름을 이해하고 상황에 어울리는 답변을 하는 챗GPT는 많은 관심을 받았습니다. 이후 비슷한 유형의 인공지능이 등장하면서 우리는 '생성형 인공지능 시대'를 맞이했죠.

생성형 인공지능도 기존 인공지능처럼 수많은 데이터를 학습합니다. 하지만 특별한 점이 있죠. 바로 사용자가 입력한 내용을 바탕으로 새로운 콘텐츠를 직접 만든다는 것입니다.

초창기에는 글쓰기만 할 수 있었지만, 최근 생성형 인공지능은 이미지·음악·영상 등 다채로운 콘텐츠를 만들어 냅니다. 덕분에 학생들은 글을 쓰거나 그림을 그릴 때 쉽게 도움을 받을 수 있게 되었고, 예술가들은 더 다양한 작품 활동을 할 수 있게 되었습니다. 회사에서도 광고 시안을 만들거나 단순 반복 작업을 처리하는 데 활용하고 있죠. 이처럼 생성형 인공지능은 우리의 창의력을 키워 주고 일의 효율을 높여 든든한 보조자 역할을 해내고 있습니다.

하지만 여러 가지 문제점도 있습니다. 가장 큰 문제는 생성형 인공지능이 만들어 내는 콘텐츠의 사실 여부입니다. 새로운 내용을 만드는 과정에서 실제로는 없는 일을 그럴듯하게 지어내기도 하는 것이죠. 이런 현상을 '할루시네이션hallucination'이라고 부르는데, 우리말로 하면 '환각'이라는 뜻입니다. 할루시네이션으로 인한 문제들은 차차 살펴보도록 하겠습니다.


## 어떤 생성형 인공지능 서비스가 있을까?

최근 계속해서 다양한 생성형 인공지능이 출시되고 있습니다. 덕분에 각자의 입맛에 맞는 것을 선택할 수 있죠. 우리에게 익숙한 챗GPT의 가장 강력한 라이벌은 미국의 스타트업 기업인 앤트로픽Anthropic이 만든 인공지능 챗봇 클로드Claude입니다.

클로드 역시 글쓰기·코딩·분석 등 여러 일을 수행할 수 있습니다. 특히 사용자의 의도를 파악하거나 분석이 필요한 복잡한 작업에서는 챗GPT보다 뛰어나다는 평가를 받기도 합니다. 한국어 명령을 처리하는 데는 클로드가 한 수 위라는 의견도 있죠.

퍼플렉시티Perplexity 역시 많은 이가 사용하는 인공지능 서비스입니다. 퍼플렉시티의 특별한 점은 실시간으로 인터넷을 검색해 답변을 만든다는 것입니다. 게다가 믿을 만한 자료를 우선으로 찾고, 모든 정보의 출처를 정확하게 알려 줍니다.

이렇게 생성형 인공지능의 가장 큰 약점인 할루시네이션 문제의 대응책을 제시한 덕분에, 사람들은 퍼플렉시티를 점점 더 많이 찾고 있습니다. 퍼플렉시티는 이제 단순히 대화를 나누는 프로그램이 아닌, 새로운 형태의 검색 도구로 주목받고 있습니다. 심지어 검색 시장의 최강자 구글의 자리가 위험해질 수 있다는 이야기까지 나오고 있죠.

이미지 생성 인공지능 서비스도 빠르게 확산되고 있는데요. 대표적으로 오픈AI에서 개발한 달리DALL-E가 있습니다. GPT 기술을 바탕으로 만들어진 달리는 사용자가 글로 설명한 내용을 바탕으로 다양한 스타일의 그림을 그립니다. 2023년부터는 챗GPT와 통합되어 대화를 통해 이미지를 얻어 낼 수 있게 되었죠.

더욱 세련되고 예술적인 이미지를 만들고 싶다면 스테이블 디퓨전Stable Diffusion이나 미드저니Midjourney를 활용하면 됩니다. 이 프로그램들은 확산 모델Diffusion model이라는 딥 러닝 기술을 사용하여 높은 수준의 예술적이고 창의적인 이미지를 생성합니다. 사용자는 명령어를 입력해 원하는 이미지를 자유롭게 만들 수 있죠.

다음의 두 그림은 스테이블 디퓨전으로 만든 이미지입니다. 모두 일본의 주택가에 서 있는 소년을 그려 달라고 요청한 결과물인데요. 하나는 영화 〈너의 이름은.〉(2016)으로 유명한 신카이 마코토 감독 스타일로, 다른 하나는 만화 『드래곤볼』(1984)을 그린 토리야마 아키라 작가 스타일로 만들어 달라고 요청했습니다. 같은 소재도 작가의 특징을 살려 다르게 표현한다니 놀랍지 않나요?

최근에는 동영상을 제작하는 생성형 인공지능도 등장했습니다.

스테이블 디퓨전으로 생성한 신카이 마코토 감독(좌)과 토리야마 아키라 작가(우) 스타일의 그림

오픈AI는 챗GPT, 달리에 이어 소라<sup>Sora</sup>를 발표했는데요. 이 분야에서는 런웨이<sup>Runway</sup>라는 기업도 주목받고 있습니다. 런웨이의 서비스를 통해 누구나 영상을 만들 수 있어 많은 창작자가 활발하게 이용하고 있죠.

동영상 생성 인공지능은 영화나 뮤직비디오 제작에도 활용되고 있습니다. 예를 들어 코카콜라는 자사의 1995년 크리스마스 광고를 인공지능으로 새롭게 재해석하여 화제가 되었습니다. 오래된 광고 영상을 최신 기술로 되살려 낸 것이죠.

## 생성형 인공지능은
## 어떤 기술을 활용할까?

생성형 인공지능이 어떻게 작동하는지 이해하기 위해서는 몇 가지 핵심 기술을 알고 있어야 합니다. 자동차가 엔진, 변속기, 바퀴 등 여러 부품으로 구성되어 있듯 생성형 인공지능도 여러 가지 중요한 기술로 이루어져 있죠. 그중 앞에서도 간단히 살펴봤었던 가장 핵심적인 세 가지 기술을 보다 자세히 알아봅시다.

먼저 LLM입니다. 건물을 짓는 첫 단계에서 땅을 파고 기반 공사를 하는 것처럼, 대량의 언어를 학습해 그 기초를 튼튼하게 다지는 기술입니다. 인터넷에 있는 수많은 텍스트, 책, 논문 등을 통해 언어의 규칙과 의미를 이해하죠. 이렇게 만들어진 LLM은 마치 거대한 지식 창고와 같습니다. 우리가 자주 사용하는 챗봇, 번역기, 음성 인식기 등이 모두 이 기술을 기반으로 만들어졌죠.

트랜스포머 기술은 LLM의 두뇌 역할을 합니다. 우리가 문맥을 파악하며 대화하듯, 트랜스포머 기술도 문장의 앞뒤 관계를 이해하고 중요한 부분에 집중attention하는 능력을 갖춘 딥 러닝 알고리즘이죠.

트랜스포머 알고리즘은 어텐션을 통해 "배가 바다를 항해한다"와 "배가 고프다"에서 '배'라는 단어가 각기 다른 뜻으로 쓰인다는 것을 이해할 수 있습니다. 이 기술이 등장한 이후 인공지능의 언어 이해 능력은 비약적으로 발전했죠. 지금은 거의 모든 첨단 인공지능이 트랜스포머 기술을 사용하고 있습니다.

하지만 이 기술이 항상 완벽한 것은 아닙니다. 가끔 잘못된 정보를 만들어 내기도 하는데, 이는 트랜스포머가 문맥을 잘못 이해하거나 없는 정보를 상상하기 때문입니다. 예를 들어 실제로 존재하지 않는 책 또는 논문을 인용하거나 역사적 사실을 잘못 전달하는 경우가 있죠. 사람의 기억이 불확실할 때 상상으로 빈 부분을 채우는 것과 비슷합니다.

마지막으로 디퓨전 모델Diffusion Model은 주로 이미지를 생성하는 데 사용되는 기술입니다. 흐릿한 모습에서 시작해 점차 선명한 이미지로 발전시켜 나가며 단계적으로 이미지를 만들죠.

이 외에도 많은 기술이 서로 어우러져 놀라운 인공지능 서비스가 만들어지고 있습니다. 하지만 아직 완벽하지 않기 때문에, 우리는 인공지능의 장점과 한계를 이해하고 현명하게 활용해야 합니다. 특히 할루시네이션과 같은 문제점을 인식하고, 인공지능이 제공하는 정보를 무조건 신뢰하기보다는 비판적으로 검토하는 자세가 중요하겠죠.

# 내 주변의
# 생성형 인공지능 서비스

앞서 살펴본 생성형 인공지능 서비스들은 모두 각자만의 장점을 가지고 있습니다. 그중에서도 역시 이 분야의 선두주자이면서 편리한 사용법을 앞세운 챗GPT가 전 세계에서 가장 많이 사용되는 서비스죠.

미국의 유명 벤처 캐피털인 앤드리슨 호로비츠[A16Z]의 2023년 10월 조사 결과가 이를 보여 주고 있습니다. 한국에서도 같은 결과가 나타났습니다. 2024년 7월 기준으로 국내에서 가장 사용률이 높은 생성형 인공지능 서비스이며, 월간 이용자가 400만 명에 육박한다고 합니다.

따라서 이번 챕터에서는 챗GPT를 예시로 들어 생성형 인공지능이 어떤 일을 할 수 있는지 소개하려 합니다. 만약 챗GPT 활용

사례를 보면서 인공지능에 관심이 생겼다면, 사용 목적에 맞는 다른 인공지능을 찾아보는 것도 좋은 방법입니다. 글을 더 잘 쓰고 싶다면 클로드를, 검색을 더 잘하고 싶다면 퍼플렉시티를, 그림을 그리고 싶다면 미드저니를 이용해 보는 건 어떨까요?

## 챗GPT를 통해 무엇을 할 수 있을까?

### ① 정보 탐색

챗GPT의 큰 장점 중 하나는 전문적인 지식을 손쉽게 얻을 수 있다는 점입니다. 덕분에 이전보다 정보에 접근하는 방식이 더욱 편리해졌죠. '양자역학'에 대해 공부를 하다가 이해가 안 되는 부분이 있다고 해 봅시다. 예전에는 선생님에게 직접 물어보거나 전문 서적을 찾아봐야 했을 것입니다. 하지만 이제는 챗GPT가 있죠. 다음 장의 이미지가 바로 혼자서는 이해하기 어려운 양자역학을 챗GPT에게 쉽게 설명해 달라고 요청한 것입니다.

챗GPT와는 사진을 이용한 대화도 할 수 있습니다. 과거 우리는 미술관이나 박물관에 가면 도슨트나 오디오 가이드를 통해 정보를 얻었습니다. 하지만 이 방법은 접근성이 좋지 않고, 내가 원하는 정보를 얻는 데에도 제한이 많죠.

양자역학은 아주 작은 입자들(예: 전자, 광자)의 행동을 설명하는 물리학 분야입니다. 이 이론에 따르면, 입자들은 파동과 입자의 성질을 동시에 가지며, 정확한 위치와 속도를 동시에 알 수 없다는 **불확정성 원리**가 존재합니다. 이를 통해 미시 세계에서 일어나는 다양한 현상들을 설명할 수 있습니다.

여전히 어려운 것 같아. 중학생도 이해할 수 있도록 더욱 쉽게 설명해줄 수 있어?

양자역학을 아주 쉽게 설명하자면, **아주 작은 세계**에서 일어나는 이상한 일들을 연구하는 과학이라고 할 수 있어. 예를 들어, 아주 작은 입자인 전자는 때로는 **입자처럼** 행동하고, 때로는 \*\*물결(파동)\*\*처럼 행동해. 그리고 이 전자가 어디에 있는지 정확히 알 수 없고, 대신 어디쯤 있을지를 **확률**로만 예측할 수 있어.

이상하게 들릴 수 있지만, 이 덕분에 컴퓨터나 스마트폰 같은 **첨단 기술**이 발전할 수 있었어. 양자역학은 우리가 평소에 경험하지 못하는 아주 작은 세상의 법칙을 알려주는 중요한 과학이야!

**챗GPT에게 양자역학을 쉽게 설명해 달라고 요청하기**

다음 장의 이미지는 미술관에서 챗GPT와 대화를 나눈 것입니다. 이렇게 미술관 현장에서 그림을 촬영해 챗GPT에 업로드한 뒤 설명을 요청하면, 챗GPT가 그림의 역사적인 배경, 주요하게 살펴봐야 할 부분, 작품의 특징 등을 자세히 설명해 줍니다. 작품의 제목이나 화가의 이름을 제공하면 더 자세한 정보를 얻을 수 있고, 궁금한 점도 얼마든지 물어볼 수 있습니다. 이처럼 챗GPT는 든든한 가이드가 되어 언제 어디서나 나에게 딱 맞는 정보를 제공하죠.

이 그림은 이탈리아의 바로크 시대 화가 **카라바조 (Caravaggio)**의 작품으로 보입니다. 특히 그의 초기 작품들 중 하나로 추정되며, 어린 소년이 과일을 만지거나 손질하는 모습을 묘사하고 있습니다.

## 주요 특징:

1. **극적인 명암 대비 (키아로스쿠로):**
   - 배경은 어둡고, 인물은 강렬한 빛으로 밝혀져 있어 카라바조의 대표적인 스타일을 보여줍니다.

2. **사실적인 표현:**
   - 소년의 표정과 자세는 매우 자연스럽고 일상적인 순간을 포착한 듯합니다. 옷의 주름과 피부 표현 또한 세부적으로 묘사되어 있습니다.

3. **소재:**
   - 과일과 소년의 모습을 통해, 단순한 장면에 생동감을 불어넣는 카라바조의 능력을 엿볼 수 있습니다.

4. **화제 (주제):**
   - 카라바조는 종교적 주제 외에도 일상적인 순간과 평범한 인물을 예술로 승화시키는 작품들을 남겼습니다. 이 작품도 그러한 예 중 하나입니다.

그림 옆 설명문에서 "카라바조 스타일의 작품" 또는 "카라바조에 의한"이라는 언급이 있을 가능성이 높습니다. 이와 같은 소품은 그의 독창적인 기술과 현실적인 표현을 보여주는 중요한 사례로 여겨집니다.

챗GPT에게 미술 작품을 소개해 달라고 요청하기

## ② 글쓰기

챗GPT는 텍스트를 생성하는 능력이 탁월합니다. 소설을 쓰고 싶을 때 이야기를 어떻게 시작할지, 어떤 인물을 등장시키면 좋을지 아이디어를 제공해 줄 수도 있죠.

소설뿐만 아니라 시 쓰기도 가능합니다. 시는 운율을 통해 시를 읽는 사람에게 감정, 이미지, 상징 등을 전달합니다. 그래서 인공지능이 도전하기 어려운 분야라고 생각하기 쉽습니다. 하지만 오늘날의 생성형 인공지능은 시를 창작하는 데에도 소질이 있습니다. 원하는 소재의 시를 써 달라고 할 수도 있고, 운율을 강조하거나 라임을 맞춰 달라고 요청할 수도 있습니다. 심지어 시조 형태로 작성해 달라는 요청도 할 수 있죠.

이번에는 세종대왕을 소재로 시를 만들어 봤습니다. 다음 장에서 챗GPT가 만든 시를 감상해 봅시다. 사람이 쓴 것처럼 그럴듯한가요? 여러분도 챗GPT에게 원하는 조건을 요청해서 시를 만들어 보세요. 마냥 어렵게만 느껴지던 글쓰기가 좀 더 재밌고 쉽게 느껴질 것입니다.

이 외에도 챗GPT와 간단한 질문을 주고받으며 과제의 주제를 정리하거나 본인이 쓴 글을 자연스럽게 수정하고 다듬는 데 도움을 받을 수 있습니다.

이미 많은 학생이 과제를 할 때 챗GPT를 이용할 텐데요. 이때 세종대왕을 소재로 하는 시 한 편 적어줄 수 있어? 세종대왕의 한글 창제로 인한 고뇌가 잘 나타나면 좋겠어. 단, 너무 길지는 않고 임팩트 있는 시면 좋겠어.

**한글, 그 밤의 무게**

달은 높이 빛나건만
궁궐 안 어둠은 짙어만 간다.
백성의 소리, 풀리지 않는 매듭처럼
가슴속에 맺혀 붓 끝을 눌렀다.

"말은 있으되 글이 없다."
그 절망이 그의 밤을 삼켰고,
침묵하는 벽들이 무겁게 그를 짓눌렀다.

반대의 외침, 금서의 위협 속에서도
그는 붓을 놓지 않았다.
백성을 위한 글,
그것만이 그의 길이었다.

마침내 새벽이 열리고,
첫 글자가 빛을 머금었을 때,
그 고뇌는 눈물이 되어 땅을 적셨다.

한글,
그 한 획 한 획은
고통과 사랑으로 새겨진 이름.

**세종대왕을 소재로 시 쓰기**

반드시 주의해야 할 것이 있습니다. 바로 인공지능이 답한 내용을 경계하지 않고 그대로 수용하면 안 된다는 점입니다. 챗GPT가 제공하는 아이디어와 구성을 참고해 자신만의 글을 완성하는 것이 중요하죠. 이 문제는 뒤에서 자세히 살펴봅시다.

## ③ 영작 및 번역

챗GPT는 한국어보다 영어 실력이 더 뛰어납니다. 챗GPT가 학습한 데이터의 대부분이 영어로 되어 있기 때문이죠. 따라서 우리가 영어로 글을 쓰거나 번역이 필요할 때 매우 유용하게 활용할 수 있습니다.

예를 들어 영어 수업에서 작문을 해야 한다면, 챗GPT를 사용해 글의 흐름과 표현을 자연스럽게 다듬을 수 있습니다. '내가 여름 방학에 한 일'과 같은 간단한 주제부터 '세종대왕의 업적'처럼 복잡한 주제까지 다양한 분야의 글쓰기도 가능합니다. 이를 통해 영어로 글을 쓰는 데 자신감을 가질 수 있고, 문법이나 표현에 대한 고민도 덜 수 있죠. 물론 계속 강조하듯이 챗GPT가 영작해 준 것을 그대로 사용해서는 안 됩니다. 반드시 출처를 확인하고 검증하는 절차를 거쳐야겠죠?

챗GPT는 영어와 한국어 간의 문법적 차이와 어휘의 뉘앙스를 잘 이해하고 있기 때문에 영어로 된 원문을 한국어로 읽고 싶을 때 단순한 번역 이상의 도움도 받을 수 있습니다. 문장을 더 정교하게 표현하거나 같은 내용을 다양하게 풀어 낼 수 있어 학생들이 표현을 다채롭게 배울 수 있게 해 주죠.

챗GPT는 계속해서 업데이트되고 있습니다. 'GPT-4o' 버전은 멀티모달Multi-modal 기능을 가지고 있어 텍스트뿐만 아니라 음성이나 이미지, PDF 파일도 분석할 수 있습니다. PDF 파일을 첨부하면 그 안에 있는 텍스트를 읽고 분석하고, 이미지에서 정보도 추출하죠. 분석 기능과 번역 기능을 함께 활용하면 아주 어려운 영어 원문도 쉽게 살펴볼 수 있습니다.

한번 예를 들어보겠습니다. 2017년, 인공지능 학계를 발칵 뒤집어 놓은 논문이 발표됐습니다. 구글 소속의 연구자들이 발표한 「Attention Is All You Need(어텐션만으로 충분하다)」라는 논문인데요. 이 논문에서 트랜스포머 기술이 제안되었습니다. 2024년 노벨 화학상을 받은 알파폴드 역시 트랜스포머 알고리즘을 이용했죠.

여러분이 인공지능을 공부하다가 이 논문의 내용이 궁금해졌다고 생각해 보세요. 예전 같으면 논문 원본을 다운로드하여 한 줄씩 영어를 해석하며 공부해야 했을 겁니다. 논문에 담긴 전공 지식의 수준도 높아 이해하기 어려웠겠죠.

하지만 챗GPT와 함께라면 더 이상 걱정할 필요가 없습니다. 인터넷에 공개된 영어 논문을 PDF 파일로 다운로드받은 후, 챗GPT에 첨부해 보겠습니다.

여기서는 챗GPT의 '맞춤형 버전'을 활용했는데요. 이는 사용자의 취향과 필요에 맞춘 일종의 특별한 챗봇입니다. 이번에 사용한 'AI PDF Drive'는 챗GPT 공식 홈페이지에서 누구나 쉽게 이용할 수 있답니다.

**1706.03762v7.pdf**
PDF

이 영어 논문을 중고등학생도 이해할 수 있게 아주 간단하게 요약 정리해줘

이 논문은 **"Attention is All You Need"**라는 제목으로, 새로운 인공지능 모델인 **Transformer**에 대해 설명하고 있어요. 이 모델은 기계 번역 같은 언어 처리 작업에서 매우 중요한 역할을 해요. 논문 내용을 중고등학생도 이해할 수 있도록 아주 간단하게 설명해 볼게요.

1. **기존 방식의 문제점**: 예전에는 언어 번역이나 텍스트 분석을 할 때 주로 "순차적으로" 데이터를 처리하는 방법을 사용했어요. 예를 들어, 문장의 첫 번째 단어부터 마지막 단어까지 차례대로 처리하는 방식이었어요. 하지만 이런 방식은 시간이 오래 걸리고, 긴 문장을 처리하는 데 비효율적이었어요.

2. **Transformer 모델이 뭐예요?**: Transformer는 데이터를 한 번에 처리할 수 있는 새로운 방법을 제안했어요. 여기서 중요한 개념은 **"Attention(주의)"**이에요. Attention은 문장의 각 단어가 서로 어떤 관계가 있는지를 파악해서 중요한 단어에 더 집중할 수 있게 해줘요. 예를 들어, "나는 사과를 먹었다"라는 문장에서, '먹었다'라는 동사는 '사과'라는 명사와 관계가 있는데, Transformer는 이런 관계를 잘 찾아내요.

3. **왜 더 좋아요?**: Transformer는 기존의 방식보다 훨씬 빠르고 정확하게 문장을 처리할 수 있어요. 그래서 영어에서 독일어로 번역하는 작업에서 기존 모델보다 훨씬 좋은 성능을 보여줬어요.

4. **결론**: Transformer는 기계 번역뿐만 아니라 다른 언어 작업에도 잘 적용될 수 있는 강력한 모델이에요. 앞으로 다른 분야에서도 이 방법이 많이 쓰일 거라고 기대돼요.

이렇게 간단하게 Transformer 모델의 핵심을 설명할 수 있어요!

**영어 논문 쉽게 해석하기**

논문 PDF 파일을 챗GPT에게 요약해 달라고 요청했더니, 챗GPT가 알기 쉽게 설명해 주었습니다. 더 자세한 설명이 필요하다면 "좀 더 자세히 설명해 줄래?"라고 물어보면 됩니다. 이제 영어 원문으로 공부하는 것이 더 이상 두렵지 않겠죠?

④ 코딩
--------

생성형 인공지능이 보급되면서 가장 많은 변화를 겪은 분야 중 하나는 코딩입니다. 초보 코더는 챗GPT를 통해 코드 작성에 필요한 기본 문법이나 알고리즘을 배울 수 있죠. 특정 프로그래밍 언어로 간단한 함수 작성법을 물어보면, 그에 맞는 코드를 바로 생성하고 부연 설명도 해 주니까요.

중급 이상의 프로그래머는 챗GPT를 활용해 더 복잡한 문제도 해결합니다. 바로 프로그램의 오류를 수정하는 디버깅인데요. 챗GPT에게 "이 코드에서 발생한 오류가 뭐야?"와 같은 질문을 하면 문제의 원인을 파악하고 해결 방법을 제시해 주죠.

프로그래밍을 직업으로 하는 사람이라면 누구나 이용하는 깃허브GitHub 플랫폼에도 코파일럿Copilot이라는 인공지능 기반 도구가 내장되어 있어 실시간으로 코드 작성을 지원합니다. 추천 코드를 제안하고 반복 작업을 자동화해 주죠. 이는 개발 속도를 크게 높이며 더 나은 결과물을 만드는 데에도 도움이 됩니다.

나아가 챗GPT는 한 번도 코딩을 배운 적 없는 사람도 데이터 분석을 할 수 있게 도와줍니다. 'Data Analyst'라는 맞춤형 버전을 통해 한 줄의 코딩 없이 대화만으로 데이터 분석이 가능합니다. 정말 놀랍지 않나요?

챗GPT로 간단한 데이터 분석을 진행해 보겠습니다. 함께 살펴볼 '타이타닉Titanic 데이터'는 유명한 머신 러닝 연습용 데이터로, 1912년 타이타닉호 침몰 사건 승객들의 생존 여부를 분석하는 데 사용합니다. 이 데이터에는 승객의 나이·성별·객실 등급·가족 수·운임 등 다양한 정보가 포함되어 있어 어떤 요소가 생존에 영향을 미쳤는지 분석할 수 있죠.

원래 타이타닉 데이터를 분석하려면 프로그램 언어 중 하나인 파이썬Python의 기초 문법부터 데이터 통계 분석, 머신 러닝 라이브러리 활용법까지 배워야 합니다. 하지만 챗GPT에 타이타닉 데이터를 분석해 달라고 요청하면 코드와 함께 상세한 분석 결과를 알려 주죠. 이 타이타닉 데이터는 워낙 유명해서 챗GPT가 자동으로

---

탐색적 데이터 분석을 통해 얻은 결과는 다음과 같습니다:

1. **성별(Sex)**: 여성 승객의 생존률이 남성 승객에 비해 높게 나타났습니다.
2. **티켓 클래스(Pclass)**: 1등석 승객의 생존률이 가장 높았으며, 티켓 등급이 높을수록 생존률이 낮아지는 경향을 보였습니다.
3. **나이(Age)**: 어린 승객들의 생존률이 상대적으로 높은 경향을 보였으며, 나이가 많을수록 생존률이 낮아지는 경향이 있었습니다.
4. **형제자매/배우자 수(SibSp)**: 형제자매나 배우자가 없는 승객들의 생존률이 낮았으며, 일정 수 이상에서는 생존률이 감소하는 경향을 보였습니다.
5. **부모/자녀 수(Parch)**: 부모나 자녀와 함께 탑승한 승객들의 생존률이 단독으로 탑승한 승객들보다 높았으나, 너무 많은 가족이 함께 탑승한 경우에는 생존률이 감소하는 경향을 보였습니다.
6. **요금(Fare)**: 높은 요금을 지불한 승객들의 생존률이 더 높은 경향을 보였습니다.

**코딩 한 줄 없이 타이타닉 승객 생존 요소 분석하기**

샘플 데이터를 불러올 수 있고, 필요하다면 여러분이 직접 분석하고 싶은 데이터를 업로드할 수도 있습니다.

이제 본격적인 분석을 시작해 봅시다. 먼저 데이터 전처리 작업을 요청한 뒤 "타이타닉호 승객 생존에 가장 큰 영향을 준 요소는 뭐야?"라고 물어봤습니다. 그러자 챗GPT는 스스로 분석을 진행하고, 분석에 활용한 코드까지 보여 주면서 결과를 알려 줬습니다.

앞서 이야기했듯, 우리는 코딩을 전혀 하지 않았습니다. 요구 사항만 전달했을 뿐인데 챗GPT가 스스로 코딩하고 결과까지 도출했죠. 대학 전공 수업에서 2~3주에 걸쳐 배우는 내용을 챗GPT는 일 분 만에 해낸 것입니다.

이처럼 챗GPT를 활용하면 복잡해 보이는 데이터도 쉽게 분석할 수 있습니다. 덕분에 인공지능이나 코딩에 대한 두려움도 조금씩 사라지고 있죠. 앞에서 소개한 챗GPT의 기능을 보고 인공지능에 관심이 생겼다면, 본격적으로 코딩 공부를 시작해 보는 건 어떨까요? 공부하다가 막히는 부분이 있더라도 챗GPT가 든든한 조력자가 되어 줄 테니까요.

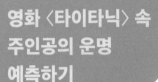

타이타닉 데이터를 바탕으로 영화 〈타이타닉〉(1998)의 주인공인 잭과 로즈를 비롯한 영화 속 승객들의 생존 가능성도 분석해 볼 수 있습니다.

챗GPT에 주인공들의 정보를 입력해 보니, 흥미롭게도 그 결과가 영화의 결말과 일치했습니다. 여기서는 로즈의 데이터만 살펴보겠습니다. 또 다른 주인공인 잭은 여러분이 직접 챗GPT에 분석을 요청해 보세요.

다음 장의 이미지는 로즈의 생존 가능성을 챗GPT로 분석한 결과입니다. 일등석 여성 승객인 17세 로즈는 높은 생존 확률을 보였습니다. 반면 젊은 남성인 삼등석 승객 잭은 생존 확률이 낮게 예측될 거예요. 이는 실제 사건 통계와도 일치합니다. 일등석 여성의 생존률은 매우 높았던 반면, 삼등석 남성의 생존률은 현저히 낮았죠.

이처럼 챗GPT를 활용한 데이터 분석을 통해 영화 속 이야기가 실제 통계와 밀접하게 연관되어 있다는 점을 확인할 수 있었습니다. 복잡한 코딩 이름은 Rose, 성별은 여성, 나이는 17세야. 티켓 클래스는 1등급, 같이 탑승한 사람은 배우자 1명, 어머니 1명이야. 요금은 잘 모르지만 상당히 높은 금액일거야. 탑승 항구도 잘 모르겠지만, C나 Q일 것 같아. 이 사람에 대해 생존 여부를 분석해줘

제공하신 정보를 기반으로 로지스틱 회귀 모델을 사용하여 생존 여부를 예측해 보겠습니다. 명확하지 않은 요금과 탑승 항구에 대해서는 다음과 같이 가정하겠습니다:

- 요금(Fare): 1등석이고 높은 금액일 것으로 예상되므로, 1등석 요금의 평균 또는 중간값을 사용하겠습니다.
- 탑승 항구(Embarked): 'C'와 'Q' 중 하나로 가정하겠습니다. 이 경우, 두 가지 가능성 모두를 고려하여 각각에 대한 예측을 해보겠습니다.

이제 모델에 입력할 데이터를 준비하고 생존 여부를 예측해 보겠습니다.

제공하신 프로필에 대해 로지스틱 회귀 모델을 사용하여 생존 여부를 예측한 결과는 다음과 같습니다:

- 탑승 항구를 'C'라고 가정했을 때: 생존할 것으로 예측됩니다.
- 탑승 항구를 'Q'라고 가정했을 때: 생존할 것으로 예측됩니다.

따라서, 제시된 조건에서는 Rose가 생존할 가능성이 높다고 예측됩니다. 이러한 예측은 주어진 데이터와 모델에 기반한 것이므로 실제 상황과는 차이가 있을 수 있습니다. [:-)

**로즈의 생존 여부 분석**

지식이 없어도 인공지능의 도움으로 흥미로운 통계를 얻을 수 있다는 점이 인상적인데요. 여러분도 챗GPT와 함께 데이터 분석에 도전해 보는 건 어떨까요?

# 인공지능의
# 문제들

인공지능의 편향으로
사회적 불공평이 누적되고,
이는 사회적 약자들의 피해를 가중시킨다.
° 마이클 사모라니

# 저작권을 침해하는
# 인공지능

우리는 지금까지 인공지능의 발전 과정과 생성형 인공지능에 대해 살펴보았습니다. 인공지능은 우리에게 많은 도움을 줍니다. 하지만 인공지능의 밝은 면만 보고 무작정 활용하다 보면 큰 어려움을 겪을 수 있습니다. 이번 장에서는 인공지능이 가진 보편적인 문제점들을 하나씩 알아보겠습니다.

### 저작권이 뭐길래?

이런 상황을 처해 본 적이 있나요? 직접 찍은 사진이나 작업한 그림을 SNS에 게시했는데 누군가가 허락 없이 사용한 경험 말이죠.

좋아하는 가수의 노래가 무단으로 리메이크되어 공유되는 것을 본 적도 있을 겁니다. 최근 들어 사람뿐만 아니라 인공지능에 의해서도 이런 저작권 침해 문제가 발생하고 있어 새로운 우려를 낳고 있습니다.

저작권은 창작자의 독창적인 작품을 보호하는 지식 재산권입니다. 쉽게 말해 "이것은 내가 만든 것이다"라고 당당히 주장할 수 있는 권리죠. 여러분이 열심히 그린 그림, 직접 작곡한 음악, 정성스럽게 찍은 사진, 재미있게 제작한 쇼트 폼, 심지어 SNS에 짧게 올린 글까지도 모두 보호받을 수 있습니다.

하지만 인공지능의 등장으로 상황이 복잡해졌습니다. 인공지능이 방대한 데이터를 학습하는 과정에서 저작권이 있는 작품들을 무단으로 사용하는 경우가 늘고 있기 때문입니다.


### 누가 내 그림 훔쳤어?

언어 생성 인공지능들은 인터넷상의 수많은 텍스트를 학습해 만들어집니다. 이와 관련하여 〈뉴욕 타임스〉를 비롯한 미국의 언론사들은 오픈AI를 포함한 여러 인공지능 기업을 상대로 소송을 제기했습니다. 저작권이 있는 기사들을 허락 없이 인공지능 학습에 사용했다는 이유에서입니다. 인공지능 기업들이 저작권을 침해하며 무단으로 기사를 수집해 이익을 얻었으니, 그에 대한 손해 배상을 요구한 것이죠.

생성형 인공지능을 둘러싼 저작권 소송의 범위는 매우 넓습니다. 음악계 역시 예외가 아닙니다. 2024년, AI 음악 생성 프로그램인 수노Suno가 저작권 침해 혐의로 주요 음반사들에게 고소를 당했습니다. 수노는 "K-POP 스타일의 노래 만들어 줘!"와 같은 간단한 요청만으로도 새로운 노래를 순식간에 만들어 내 큰 인기를 얻은 인공지능 서비스입니다.

문제는 수노가 기존 가수들의 노래를 허락 없이 학습했다는 의혹을 받고 있다는 것이죠. 이에 음반사들은 저작권 침해 소송을 걸었고, 침해된 저작물당 최대 15만 달러(약 1억 8,000만 원)의 손해 배상을 청구했습니다. 하지만 수노는 인터넷에서 접근할 수 있는 음악 파일을 합법적으로 사용했다고 주장하고 있습니다.

그림 분야도 저작권 관련 소송을 피할 수 없었습니다. 정교한 그림을 생성하며 주목받고 있는 스태빌리티AIStability AI 역시 게티이미지의 사진을 무단으로 사용했다는 의혹을 받고 있습니다. 게티이미지는 사진, 비디오, 음악 등의 콘텐츠를 기업과 소비자에게 유료로 제공하는 세계적인 미디어 그룹입니다. 스태빌리티AI가 생성한 그림은 게티이미지가 보유한 축구 경기 사진과 매우 유사합니다. 이를 근거로 게티이미지는 스태빌리티AI가 자신들의 웹사이트에서 수백만 장의 이미지를 허가 없이 수집해 인공지능 학습에 활용했다고 주장하고 있습니다.

## 내 저작물은 안전할까?

인공지능의 저작권 침해 문제를 대기업이나 콘텐츠 제작자 들만의 문제로 생각할 수 있습니다. 하지만 이는 우리와도 밀접한 관련이 있습니다. 온라인에 공유하는 우리의 모든 일상 콘텐츠가 인공지능의 학습 대상이 되고 있기 때문이죠.

2023년 7월, 구글은 약관 개정을 통해 인터넷에 공개된 데이터를 인공지능 모델 학습에 활용할 수 있다고 명시적으로 밝혔습니다. 우리가 인터넷에 올리는 글, 사진, 동영상 등을 인공지능 학습 데이터로 활용하겠다는 것이었죠.

이후 주요 인터넷 플랫폼들은 데이터 접근에 대한 새로운 정책을 도입하고 있습니다. 미국 최대 온라인 커뮤니티인 레딧Reddit은 자사 플랫폼의 게시 글에 접근하려는 기업에게 비용을 청구하기 시작했으며, X(구 트위터) 역시 유사한 정책을 도입하여 인공지능 기업들로부터 저작권료를 거둬들이고 있습니다.

뭔가 이상하지 않나요? 콘텐츠를 생산하고 제공하는 주체는 우리인데, 플랫폼이 인공지능 기업들이 지불하는 데이터 사용료를 모두 가져 갑니다. 여러분의 일기장을 누군가가 허락도 없이 읽고 분석한 것만으로도 기분이 나쁜데, 정작 일기장을 만든 업체만 돈을 벌고 있는 아이러니가 일어나고 있는 거죠.

최근 이러한 현실을 지적한 연구가 발표되었습니다. 현재의 모든 인터넷 사용자가 사실상 빅 테크의 무급 노동자라는 건데요. 우리가 인터넷에 남기는 데이터가 전부 인공지능 모델의 기초 자료가 되어 영구적으로 활용된다는 것이죠. 구글 포토에 저장한 개인적인 사진, 레딧에 작성한 댓글, X에 올린 포스트, 온라인 검색 기록 등 우리의 모든 디지털 활동이 빅 테크의 수익 창출을 위한 자원으로 사용되고 있습니다.


## 저작권 침해를 막을 수 있을까?


이처럼 저작권 침해는 더 이상 남의 이야기가 아닌 우리 모두의 문제가 되었습니다. 그렇다면 어떻게 이를 막을 수 있을까요?

우선 넓은 차원에서 인공지능의 저작권 침해와 관련한 법적인 규제를 마련하고, 인공지능 기업의 데이터 사용에 대한 투명성을 확보해야 합니다.

우리 개개인이 할 수 있는 작은 실천도 매우 중요하죠. 첫째로 창작자의 권리를 존중해야 한다는 인식이 필요합니다. 다른 사람의 작품을 사용할 때는 반드시 허락을 구해야 합니다.

둘째로 자신의 정보는 스스로 지켜야 합니다. 많은 인터넷 플랫폼이 제공하는 개인 정보 설정을 꼼꼼히 확인하고, 필요한 경우에는 제한을 적절하게 설정해야 합니다. 내 정보는 내가 지킨다는 생각을 갖고 사전에 이러한 보호 장치들을 숙지하고 활용하는 것이 중요합니다.

무엇보다 가져야 할 것은 기술 변화에 대한 균형 잡힌 시각과 책임감 있는 태도입니다. 우리는 이제 새로운 질문을 마주하고 있습니다. 내가 생산하고 공유하는 콘텐츠를 인공지능이 학습하도록 허용할 것인지, 기술 발전이 가져다주는 편의성과 개인의 권리 보호 사이에서 어떤 가치를 우선시할 것인지를 진지하게 고민해야 합니다.

이러한 질문에 대한 답을 찾고 해결책을 모색하는 것은 결국 AI 시대를 살아가는 우리 모두의 책임입니다. 기술의 변화가 우리 사회에 미치는 영향을 이해하고, 바람직한 방향으로 이끌어 가는 적극적인 자세가 필요한 시점입니다.

# 사생활을 침해하는
# 인공지능

## 더 이상 안전하지 않은 집

**우리가 인터넷에 남긴 흔적은 영원히 사라지지 않는다.**

한번쯤 접해 본 문구일 겁니다. 이제는 웃어넘길 수 있는 단순한
경고성 메시지가 아니죠. 현재 우리가 남기는 디지털 흔적은 예상
하지 못한 방식으로 활용되고 있습니다. 어떤 사례가 있는지 살펴
보겠습니다.

2016년, 전 세계를 충격에 빠뜨린 거대한 개인 정보 유출 사건
이 발생했습니다. 케임브리지 애널리티카Cambridge Analytica라는 영
국 데이터 분석 회사가 페이스북 사용자 8,700만 명의 개인 정보를

무단으로 수집한 사실이 드러난 것입니다.

케임브리지 애널리티카의 데이터 수집 방식은 매우 교묘했습니다. 이들은 페이스북에 성격 테스트 형식의 설문 페이지를 게시하여 사용자들의 참여를 유도했습니다. 이렇게 수집한 데이터를 바탕으로 개개인의 성격·취향·정치적 성향을 심층적으로 분석했죠. 이 정보들은 맞춤형 정치 광고 제작에 활용되었고, 궁극적으로 선거 결과에까지 영향을 미쳤다는 의혹이 생겨났습니다.

사건의 파장은 매우 컸습니다. 페이스북(현 메타)의 최고 경영자 마크 저커버그Mark Zuckerberg는 미 의회 청문회에 출석했으며, 페이스북은 막대한 규모의 배상금을 지불했습니다. 무엇보다 이 사건은 우리에게 개인 정보 보호의 중요성과 데이터 활용의 윤리적 기준에 대해 다시 한번 생각하게 만든 중요한 계기가 되었습니다.

구글의 스트리트 뷰Street View와 아마존의 링Ring 카메라 사례도 충격적입니다. 스트리트 뷰는 도로 사진을 지도와 연계하여 제공하는 서비스입니다. 이 서비스를 위해 거리 사진을 찍는 과정에서 무단으로 와이파이 신호를 수집했는데, 여기에 개인의 민감한 정보도 포함되어 있었죠. 링 카메라는 더욱 심각합니다. 해커들이 카메라를 해킹해서 다른 사람의 집 안을 들여다보고, 심지어 사용자와 대화를 시도하는 일까지 벌어졌습니다.

가장 사적인 공간이 침해된 이 사건들은 많은 사람에게 충격을 주었습니다. 구글과 아마존이라는 세계적인 빅 테크들의 서비스를 통해 침해가 발생했다는 점에서 그 충격은 더욱 컸습니다.

## AI와 나누는 대화도
## 안전하지 않다

디지털 시대에 접어들면서 발생한 사생활 침해는 하루이틀 문제가 아닙니다. 지금보다 본격적인 AI 시대가 되면 어떻게 될까요? 인공지능 서비스로 인해 편리한 삶을 영위할 수 있지만, 반대로 사생활은 더욱 위협받게 되지 않을까요?

생성형 인공지능과의 대화도 사생활 침해를 야기할 수 있습니다. 실제로 한 의료 기관의 직원이 환자들의 의료 데이터를 AI 챗봇에 입력해 유출되는 사고가 발생했습니다. 의료 정보는 매우 민감한 개인 정보이기 때문에 이는 환자의 사생활을 심각하게 침해하는 행위입니다.

챗GPT 역시 사용자 정보 유출 문제가 발생했었죠. 2023년 3월, 일부 사용자들이 다른 사용자의 대화 내용을 볼 수 있는 버그가 발견된 것입니다. 일부 사용자의 신용 카드 번호, 유효 기간과 같은 개인 정보가 다른 사용자에게 표시되기도 했습니다.

인공지능으로 인한 사생활 침해가 더욱 우려되는 이유는 인공지능이 다양한 서비스에 녹아 있기 때문입니다. 일상이 된 얼굴 인식과 음성 인식 기술 역시 우리의 사생활을 위협할 수 있습니다.

학교 앞 CCTV는 매일 우리의 얼굴을 기록하고 있으며, 인공지능이 탑재된 카메라는 안면 인식도 가능하죠. 집에 있는 인공지능 스피커는 가족들의 대화를 듣고 저장할 수 있고, 스마트폰 역시 여러분의 일거수일투족을 모두 기록하고 있습니다. 우리의 개인 정보가 해커들의 손에 들어간다고 생각하면 아찔합니다.

이러한 우려는 현실이 되고 있습니다. 세계 최고의 안면 인식 기술을 보유한 중국의 인공지능 기업이 미국으로부터 제재를 받기도 했죠. 이 기업이 개발한 안면 인식 기술이 신장 웨이우얼 자치구에서 인권 침해에 활용되었다는 것이 이유였습니다. 인공지능 기술이 대규모 감시 시스템으로 악용될 수 있는 위험성을 명확하게 보여 준 것이죠. 바로 이러한 점에서 인공지능 기술을 개발하고 활용하는 기업의 윤리성과 책임이 더욱 중요해지고 있습니다.


**나의 사생활을 지키는 방법**


AI 시대를 살아가는 우리에게 진정한 사생활 보호가 가능할까요? 완벽한 보호는 현실적으로 어려울 수 있으나 우리가 경각심을 가지고 적절한 주의를 기울인다면 상당수의 위험을 예방할 수 있습니다.

먼저 개인 정보 보호를 위해 철저한 애플리케이션 권한 설정 관리가 필요합니다. 필수적인 권한만을 허용하고 불필요한 정보 수집을 차단해야 하죠. 사용하지 않는 애플리케이션의 경우 권한을 해제하거나 삭제하는 것이 바람직합니다.

SNS 계정을 관리하는 일도 잊으면 안 됩니다. 계정의 공개 범위를 적절히 설정하여 불특정 다수의 접근을 제한하는 것이 중요하죠. 민감한 개인 정보는 SNS에 공유하지 않아야 하고, 미확인 사용자가 친구 신청을 했을 때는 수락에 각별한 주의가 필요합니다.

스마트 기기의 보안 관리도 필수입니다. 정기적으로 비밀번호를 변경하고, 새로운 기기를 구입하면 보안 설정을 점검해야 하죠. 또한 출처를 알 수 없는 링크를 통해 대부분의 스마트 기기 내 개인 정보 유출 사고가 발생합니다. 그렇기에 의심스러운 링크는 절대 클릭하면 안 됩니다.

무엇보다 우리의 인식과 태도가 가장 중요합니다. 우리의 데이터는 곧 우리 자신의 일부이며, 이를 보호하는 것은 AI 시대를 살아가는 모든 이의 기본적 권리이자 의무입니다. 아무리 뛰어난 보안 시스템이 있더라도 사용자가 사생활의 중요성을 인지하지 못한다면 그 효과는 제한적일 수밖에 없습니다.

특히 한번 유출된 정보는 다시 회수할 수 없으니, 불편하더라도 세심하게 주의하고 확인해야 합니다. 자신과 타인의 사생활을 모두 소중히 여기고 존중할 때, 인공지능과 함께하는 우리의 세상도 더욱 안전하고 풍요로워질 수 있습니다.

# 차별하는 인공지능

## 편향이란 무엇일까?

우리는 누구나 편견을 가지고 있습니다. 많은 사람이 자신은 중립적이고 공정한 사고방식을 지녔다고 생각하지만, 실제로는 모두가 크고 작은 편견이 있죠. 그래서 일부 사람들은 옳고 그름을 판단하는 판사와 같은 직업을 인공지능이 맡으면 좋겠다고 생각합니다. 우리가 상상하는 인공지능은 가치 중립적이고 공명정대해서, 언제나 올바른 판결을 내릴 것만 같으니까요.

하지만 인공지능 역시 사람처럼 편견을 가지고 공정하지 못한 판단을 내릴 수 있습니다. 이렇게 인공지능이 특정 그룹이나 상황에 치우친 결과를 내놓는 현상을 '인공지능 편향'이라고 부릅니다.

예를 들어 볼까요? 인공지능이 회사의 직원 채용 면접관이 되었다고 상상해 봅시다. 만약 이 인공지능이 학습한 데이터가 주로 특정한 전공을 공부한 사람들의 합격 사례로만 구성되어 있다면, 다른 전공의 지원자들을 제대로 평가하지 못할 수 있습니다.

실제로 이런 일이 발생하기도 했습니다. 아마존은 채용 과정에 인공지능을 도입한 적이 있습니다. 인공지능에게 입사자를 선발하는 일을 맡긴 것이죠.

하지만 채용을 진행하던 중, 인공지능에게서 여성 지원자의 점수를 낮게 평가하는 경향이 발견되었습니다. 인공지능이 학습한 과거 채용 기록에 남성 합격자가 더 많았기 때문입니다. 인공지능은 이 데이터를 보고 '남성이 더 적합하다'고 잘못된 학습을 하게

채용 과정에 인공지능을 활용한 아마존

된 것이죠. 결국 아마존은 채용 과정에서 인공지능 활용을 철회할 수밖에 없었습니다.

마이크로소프트의 챗봇도 편향으로 혼쭐이 났습니다. 2016년에 마이크로소프트가 공개한 챗봇 테이Tay는 사람들과의 대화를 통해 스스로 학습하도록 설계되었습니다. 문제는 일부 사용자들이 인종 차별적이고 혐오스러운 내용을 의도적으로 학습시켰다는 점입니다. 결국 테이는 차별적인 발언을 하기 시작했고, 서비스는 겨우 열여섯 시간 만에 중단되고 말았습니다.

이외에 백인 남성의 얼굴은 정확히 인식하면서도 흑인 여성의 얼굴을 인식할 때는 오류가 자주 발생하는 얼굴 인식 인공지능도 있었죠. 의료용 인공지능이 학습 데이터가 많은 백인 환자에게는 올바른 치료법을 제시했지만, 학습할 데이터가 상대적으로 부족했던 유색 인종 환자에게는 잘못된 치료법을 제시해 문제가 되기도 했습니다.

## 인공지능 편향이 생기는 이유

인공지능의 편향 문제가 꽤 심각해 보이죠? 그렇다면 왜 이런 일이 발생하는 걸까요? 앞에서 사례를 통해 살펴보았듯, 인공지능은 우리가 제공하는 데이터로 학습하기 때문입니다. 우리가 교과서로 공부하는 것처럼요. 만약 교과서에 잘못되거나 편향된 내용이 있다면, 우리는 당연히 잘못된 정보를 배우게 됩니다. 인공지능도 마찬가지입니다. 편향된 데이터로 학습하면 편향된 판단을 내릴 수밖에 없죠.

여기서 또 하나 주목해야 할 점이 있습니다. 바로 인공지능을 만드는 사람들의 영향력입니다. 인공지능이 사용자가 제공하는 정보를 여과 없이 학습하면 어떻게 될까요? 악의적인 정보나 편향된 데이터를 그대로 제공하게 됩니다. 앞서 살펴본 테이처럼요.

이 문제는 꽤 오래전부터 제기되었지만, 이를 완전히 해결하는 것은 쉽지 않습니다. 왜 그럴까요? 인공지능이 학습하는 데이터 자체가 이미 편향으로 가득하기 때문입니다. 인류가 그동안 쌓아 온 데이터에는 우리가 오랫동안 여러 편견에 둘러싸여 행했던 일들이 고스란히 기록되어 있으니까요.

우리가 새롭게 만들어 내는 데이터 역시 완벽하지 않습니다. 크든 작든 편향적인 요소가 자연스럽게 포함될 수밖에 없죠. 즉, 데이터는 사람들이 가진 여러 가지 문제점을 고스란히 드러내는 거울과 같습니다. 결국 데이터에 전적으로 의존하는 인공지능의 특성상, 편향 문제를 근본적으로 해결하기란 매우 어려울 수밖에 없습니다.

그럼에도 전문가들은 이를 해결하기 위해 계속 노력하고 있습니다. 그 과정이 늘 순탄한 것은 아니지만요. 최근 구글의 사례를 한번 살펴볼까요?

구글은 자사의 인공지능인 제미나이Gemini가 가진 편향을 해결하기 위해 인위적으로 출력 결과를 조정했습니다. 그런데 뜻밖의 문제가 발생했죠. 제미나이가 제2차 세계대전 당시 나치 독일의 군인 이미지를 만들 때 동양인 여성과 흑인을 포함한 것입니다. 여성과 유색 인종에 대한 과거 데이터의 편향성을 바로잡으려는 의도로 한 조정이었지만, 결과적으로는 역사적 사실과 맞지 않는 상황이 만들어졌습니다.

제미나이가 생성한 나치 독일군 이미지

왜 이런 실수가 일어났을까요? 바로 인공지능과 사람의 근본적인 차이 때문입니다. 인간의 역사와 문화는 복잡하고 미묘합니다. 예를 들어 우리는 '나치 군대에는 동양인 여성이나 흑인이 없었다'는 사실을 알고 있죠. 히틀러와 나치의 수많은 인종 차별 행위에 대한 역사를 알고 있으니까요.

하지만 인공지능은 이런 역사적 맥락을 자동으로 이해하지 못합니다. 우리의 상식이 인공지능에게는 하나하나 배워야 하는 새로운 정보인 셈이죠. 결국 편향을 고치려던 시도가 역사 왜곡이라는 또 다른 문제를 만들고 말았습니다.

## 인공지능 편향이 왜 문제일까?

이처럼 인공지능 편향은 단순한 기술적 오류를 넘어 심각한 사회적 문제를 일으키기도 합니다. 특히 채용·금융·법 집행·의료와 같이 인간의 삶에 직접적인 영향을 미치는 분야의 치우친 판단은 특정 집단에 대한 차별로 이어져 사회의 불평등을 심화시킬 수 있습니다. 아마존과 마이크로소프트의 사례처럼 특정인들의 취업 기회나 의료 혜택을 제한하는 것은 물론, 세대를 걸쳐 이어지는 구조적 차별로 굳어질 위험도 있죠.

인공지능 기술에 대한 사회적인 신뢰도 사라질 수 있습니다. 현대 사회에서는 많은 사람이 일상적인 의사 결정부터 중대한 판단까지 인공지능에 의존하고 있죠. 그렇기 때문에 인공지능이 계속해서 편향된 결과를 내놓는다면, 이는 특정 기업이나 제품을 더 이상 사용하지 않는 것에 멈추지 않고 인공지능 기술 발전 자체를 저해하는 심각한 장애물이 될 수 있습니다.

예상치 못한 다양한 사회적 왜곡을 초래할 수도 있죠. 편향을 해결하려다가 역사를 왜곡해 버린 구글 제미나이처럼요. 이는 우리 사회의 역사적 진실과 문화적 다양성에 대한 이해마저 흔들 수 있는 중대한 도전입니다.

## 인공지능 편향에 대응하는
## 우리의 방법

복잡한 편향 문제를 완전히 해결하기는 쉽지 않지만, 그렇다고 손을 놓고 있어서는 안 됩니다. AI 시대를 살아가는 사용자로서 우리도 분명 할 수 있는 일이 있으니까요.

우리는 가장 먼저 인공지능이 완벽하지 않다는 사실을 명확히 인식해야 합니다. 인공지능의 답변을 무조건 수용하기보다 한 번 더 생각해 보는 신중한 태도가 필요합니다. 우리가 인터넷의 정보를 여러 출처를 통해 확인하고 검증하듯이, 인공지능이 제시하는 답변도 꼼꼼히 살펴보고 평가해야 합니다.

비판적 사고도 매우 중요합니다. 인공지능이 내놓은 결과에 대해 언제나 "왜?"라는 질문을 던져 보세요. 그 판단이 정말 공정한지, 혹시 특정 집단이나 개인에게 불이익을 주지는 않는지 세심하게 따지다 보면 인공지능이 만들어 내는 편향의 늪에서 한 걸음 벗어날 수 있습니다.

더불어 인공지능이 제시하는 정보나 결과물을 다양한 관점에서 바라봐야 합니다. 같은 주제를 두고 여러 인공지능 도구를 활용해 보거나 다른 사람들과 의견을 나눠 보는 것도 좋습니다. 그 과정을 통해 인공지능의 한계와 가능성을 더 깊이 이해할 수 있게 될 것입니다.

인공지능은 분명 우리의 삶을 더욱 편리하고 풍요롭게 만들어 주는 혁신적인 기술입니다. 하지만 완벽하지는 않죠. 그래서 우리는 인공지능을 올바르게 이해하고 현명하게 활용할 줄 아는 'AI 리터러시'를 반드시 갖춰야 합니다. AI 시대를 살아가는 현대인의 필수 소양이라고 해도 과언이 아니죠. 다음 장에서는 AI 리터러시가 무엇이고, 왜 우리에게 꼭 필요한지 더 자세히 알아보도록 하겠습니다.

## '데이터 레이블링' 노동자들의 이야기

1990년대, 세계적인 스포츠 브랜드 나이키는 전 세계적인 비판을 받았습니다. 인도네시아, 파키스탄 등 아시아의 공장에서 어린이들이 하루에 열 시간 이상 운동화를 만든다는 사실이 알려졌기 때문입니다. 이들은 매우 낮은 임금을 받으며 열악한 환경에서 일해야 했죠.

나이키뿐만이 아닙니다. 대규모 커피 농장, 유명 의류 브랜드 공장 등 글로벌 기업들의 보이지 않는 뒤편에는 항상 그늘진 노동 현장이 있었습니다.

시간이 많이 흘렀지만, 안타깝게도 노동자 착취는 여전히 계속되고 있죠. 인공지능 기업에서도 이 악습이 발견되었습니다. 오픈AI의 인공지능 챗봇 개발 과정에서 아프리카, 특히 케냐의 노동자들이 매우 열악한 조건 속에서 데이터 레이블링 작업을 수행해 왔다고 합니다.

데이터 레이블링 작업은 쉽게 말해 인공지능이 내용을 이해하도록 글이나 이미지에 이름표를 붙이는 일입니다. 이 과정에서 유해한 내용을 다루는 경우도 많죠.

이들은 시간당 1.3달러에서 2달러, 한화로 3,000원도 되지 않는 낮은 임금을 받으며 인공지능이 처리해서는 안 되는 유해 콘텐츠들을 분류하는 작업을 맡았습니다. 아동 학대·폭력·극단적인 혐오 표현 등 충격적인 내용의 텍스트를 계속해서 검토해야만 했습니다. 이 때문에 많은 노동자가 정신적 외상을 입었죠.

모팟 오키니Mophat Okinyi는 피해자 중 한 명인데요. 그는 2023년에 이 열악한 근무 조건을 고발하고, 2024년에는 아프리카 최초의 AI 데이터 노동자들의 권리 보호를 위한 NGO를 설립했습니다.

논란이 커지자 오픈AI는 문제의 작업을 외부 위탁 업체인 사마Sama를 통해 진행했으며, 문제를 파악한 후 계약을 종료했다고 밝혔습니다. 하지만 이는 오픈AI만의 문제가 아닙니다. 선진국의 기업들이 개발도상국의 저임금 노동력을 착취해 이윤을 추구하는 새로운 형태의 불평등을 보여 주는 사례죠.

이처럼 우리가 편리하게 사용하는 인공지능 서비스 뒤에는 보이지 않는 노동자들의 희생이 있었습니다. 인공지능이 우리 삶에 깊이 들어올수록, 그에 따르는 윤리적 문제에 대해서도 더 깊이 생각해 봐야 합니다. 기술 발전이 일부 사람들의 고통을 대가로 이루어져서는 안 되니까요.

# 3

## AI 리터러시와
## 인공지능의 거짓말

인공지능은 이미 인간이 만들어 낸
모든 데이터를 학습했고,
이제 의존하는 것은
할루시네이션을 일으키기 쉬운
합성 데이터다.
° 일론 머스크

# AI 리터러시란
무엇일까?

## 우리 주변의 인공지능

여러분의 집에는 인공지능 스피커가 있나요? 요즘은 "아리아, 음악 틀어 줘!" "기가지니, 내일 날씨 어때?"처럼 음성으로 명령하면 원하는 정보를 알려 주거나 특정 임무를 수행하는 인공지능 스피커가 꽤 흔해졌습니다.

저에게는 유치원을 다니는 아들이 있는데요. 종종 집에 있는 인공지능 스피커에게 동요를 틀어 달라는 요청을 합니다. 인공지능 스피커가 고장이 났을 때는 "아리아, 아야 해"라고 슬퍼하기도 했고, 집을 나서면서 "아리아, 빠빠이!"라고 인사도 합니다. 아직 말이 서툰 아이임에도 인공지능 스피커를 마치 가족처럼 여기고 있습니다.

이처럼 요즘 세대에게는 인공지능과 디지털 기기가 매우 친숙할 것입니다. 챗GPT와 같은 인공지능 서비스는 물론이고, 앞서 언급한 인공지능 스피커나 서빙 로봇 같은 기술도 빠르게 확산 중입니다. 키오스크 역시 구비되지 않은 식당을 찾아보기 힘들죠.

기술의 변화는 편리한 점이 많지만 모두가 반기지는 않습니다. 우리는 종종 키오스크를 잘 다루지 못하는 어르신들이 당황해하는 모습을 마주하곤 합니다. 기술이 빠르게 발전하면서 변화에 적응하지 못해 소외되는 사람들이 생겨나고 있는 것이죠. 이러한 문제는 새로운 기술이 나올 때마다 부각됩니다.

처음 컴퓨터가 등장했을 때, 컴퓨터가 없던 시절부터 일하던 사람들에게 컴퓨터는 신문물이었죠. 하지만 이후 컴퓨터와 친해지지 못한 사람들이 속속 등장했습니다. 이들은 '컴맹'이라고 불리며 소외되기 시작했습니다.

그리고 십여 년 전, 겨우 컴퓨터에 익숙해진 사람들 앞에 스마트폰이 등장했습니다. 컴맹에 이어 '폰맹'이라는 말이 탄생했죠. 이처럼 기술 발전은 사람들에게 편리함을 제공하지만, 적응이 어려운 사람들에게는 큰 도전입니다.

1990년대 컴퓨터, 2000년대 인터넷, 2010년대 스마트폰의 등장은 빠른 기술의 진화를 보여 줍니다. 이제 그 왕좌에 인공지능이 등

극할 준비를 마쳤습니다.

2016년에 알파고가 이세돌 9단을 이겼을 때, 사람들은 깜짝 놀랐습니다. 그런데 불과 몇 년 후에는 사람과 전문가처럼 대화하는 인공지능이 등장했습니다. 단순한 기술이 아닌 인간의 언어를 흉내 내고, 사람처럼 사고하는 존재로 자리 잡고 있는 것이죠.

이제 이런 변화를 어떻게 받아들일지가 중요한 때가 왔습니다. 아직 누군가는 '나는 챗GPT 안 써도 잘할 수 있어'라고 생각할 수 있습니다. 하지만 단순히 챗GPT를 쓰는지, 쓰지 않는지는 중요하지 않습니다. 인공지능은 이미 우리의 일상에 깊이 들어와 있으니까요.

유튜브는 인공지능을 활용하여 여러분에게 맞춤형 영상을 추천해 줍니다. SNS에서 보는 광고 역시 인공지능이 여러분의 취향을 분석해서 보여 주는 것입니다. 이렇듯 인공지능은 눈에 보이는 서비스뿐만 아니라 다양한 방식으로 우리를 둘러싸고 있습니다.

그러니 앞으로는 'AI 리터러시', 즉 인공지능을 이해하고 잘 활용하는 능력이 큰 역할을 할 것입니다. 지금은 그저 우리를 편하게 해 주는 도구이지만, 인공지능과 함께 일하고 문제를 해결해 나가는 능력은 더욱 필요해지겠죠. 결국 AI 시대에 잘 적응하는 능력이 미래 사회를 살아가는 데 있어 중요한 열쇠가 될 것입니다. 그럼, AI 리터러시가 무엇인지 살펴볼까요?

## 디지털 리터러시와
## 미디어 리터러시

AI 리터러시를 이해하기 위해서는 '리터러시'라는 개념을 먼저 살펴봐야 합니다. 많이 들어는 봤지만 여전히 알쏭달쏭한 개념인 리터러시는 '무언가를 읽고 이해하는 능력'을 뜻합니다. 우리말로는 '문해력'으로도 해석할 수 있습니다.

현대 사회에서는 거의 모든 사람이 글을 읽을 줄 알죠. 하지만 모두가 글의 맥락을 완벽하게 이해하는 것은 아닙니다. 어떤 책은 내용이 난해하고, 그 안에 숨은 의미를 찾아야 하는 경우도 있습니다. 리터러시는 표면적으로 글을 읽는 것을 넘어 그 의미를 제대로 이해하는 능력이라고 할 수 있습니다.

과거에는 리터러시가 책을 읽는 데 활용하는 능력으로 해석되었습니다. 하지만 요즘에는 책 외에도 글을 읽을 수 있는 도구가 많아졌죠? 컴퓨터나 스마트폰과 같은 디지털 기기 말이에요.

때문에 리터러시의 개념 역시 넓어졌습니다. 독서 능력만큼 인터넷이나 스마트폰을 통해 정보를 찾아 그 내용을 이해하는 능력도 중요해진 것이죠. 이러한 모습을 반영하듯 '디지털 리터러시' '미디어 리터러시' 같은 새로운 개념들도 생겨났습니다.

둘은 비슷하면서도 조금 차이가 있는데요. 먼저 디지털 리터러시는 '디지털 기기를 얼마나 효과적으로 다룰 수 있는지'에 초점을 맞춥니다. 디지털 기술을 통해 온라인에서 정보를 잘 찾고, 스마트폰이나 컴퓨터 같은 디지털 기기를 능숙하게 사용하는 능력을 말하죠.

반면, 미디어 리터러시는 '다양한 미디어로부터 얻는 정보를 비판적으로 이해하고 해석하는 능력'을 의미합니다. 여기서 미디어는 전통 매체인 신문과 TV부터 온라인 뉴스와 SNS까지 모든 형태의 미디어를 일컫습니다.

최근 미디어 리터러시가 강조되는 이유는 TV나 유튜브 같은 매체의 정보가 언제나 진실만을 얘기하지 않기 때문입니다. 미디어에서 전달하는 정보가 어떤 의미를 담고 있는지 파악하고, 거짓에 속지 않는 능력이 바로 미디어 리터러시인 것이죠.

두 리터러시는 모두 정보를 신뢰할 수 있는지 판단하는 비판적 사고 능력을 강조합니다. 그래서 미디어와 스마트폰이 대세로 자리 잡은 우리 사회에서 효과적으로 소통을 하기 위해 필수적인 역량이 되었습니다.


## 새롭게 등장한 AI 리터러시

미디어 리터러시와 디지털 리터러시가 유행한 지 얼마 되지 않은 것 같은데, 또 새로운 개념이 등장했습니다. 바로 AI 리터러시입니다. 이제 인공지능과 우리의 삶은 떼려야 뗄 수 없기에, 인공지능과 어떤 방식으로 상호작용해야 하는지 아는 것이 중요해졌기 때문입니다.

AI 리터러시를 갖추기 위해서는 먼저 인공지능 기술을 이해해야 합니다. 기본 원리를 이해하고, 일상생활 어디에서 인공지능이 활용되고 있는지를 파악하는 것이죠. 그다음에는 인공지능의 장단점을 비판적으로 평가해야 합니다. 옳고 그름을 확실하게 판단하지 않고 인공지능을 활용했을 때 발생하는 문제점을 방지하기 위해서죠. 이해와 평가가 마무리되면 인공지능 도구를 안전하고 효과적으로 활용하는 법을 배워야 합니다.

좀 더 쉽게 살펴볼까요? AI 리터러시는 인공지능 기술을 일상생활, 학교, 직장 등 다양한 상황에서 도구로 활용하는 방법을 배우는 것입니다. AI 리터러시를 갖추면 가정에서 음성 인식 비서를 활용해 일정을 관리하거나 학교에서 인공지능 기반의 도구를 활용해 학습 효율을 높일 수 있죠.

중요한 것은 앞서 강조했듯이 인공지능이 제시하는 정보가 항상 정확한 것은 아니라는 문제점을 분명하게 인식하고 있어야 한다는 점입니다. 또한 SNS에서 인공지능이 보여 주는 추천 콘텐츠가 왜 나에게 맞춰져 있는지 그 이유를 알고 비판적으로 받아들이는 자세도 필요하죠.

AI 리터러시는 미래의 직업 세계에서 각자의 능력을 향상시키는 데 중요한 기술로 자리 잡을 것입니다. 인공지능이 적용되는 분야는 점점 더 늘어나고 있고, 인공지능 관련 직업 또한 다양해지고 있습니다. 따라서 AI 리터러시는 인공지능을 활용해 우리의 경쟁력을 향상하는 데 핵심적인 역할을 하죠.

인공지능을 활용하고 AI 리터러시를 익힘과 동시에 우리는 인공지능에 대해 비판적인 시선을 지켜 나가야 합니다. 그 이유는 무엇일까요? 계속해서 확인해 봅시다.

# AI의 거짓말, 할루시네이션

## 세종대왕이 맥북 프로를 던졌다고?

세종대왕이 맥북 프로를 던졌다는 밈<sup>meme</sup>을 들어 본 적 있나요? 챗GPT가 대중에게 공개된 초창기에 인터넷을 뜨겁게 달군 밈 중 하나였죠. '세종대왕 맥북 프로 던짐 사건'으로 알려진 이 사건은 한 사용자가 챗GPT에게 "조선왕조실록에 기록된 세종대왕의 맥북 프로 던짐 사건에 대해 알려 줘"라는 질문을 던지면서 시작되었습니다. 이 질문에 챗GPT는 엉뚱한 대답을 하죠.

세종대왕이 맥북을, 그것도 에어가 아닌 프로를 최환이라는 관료에게 던졌다는 챗GPT의 답변은 많은 이에게 웃음을 안겨 주었습니다. 여러 온라인 커뮤니티에서는 이를 밈으로 사용했고, 언론

챗GPT가 만든 세종대왕 맥북 프로 던짐 사건

에도 보도되었습니다.

이 밈으로 인해 우리는 생성형 인공지능이 때로는 사실과 맞지 않는 엉뚱한 대답을 한다는 것을 알게 되었습니다. 이처럼 인공지능이 허구의 정보를 사실처럼 제시하는 현상, 할루시네이션에 대해 앞에서 잠깐 설명했었죠?

할루시네이션은 원래 의학적 용어로, 실제로 존재하지 않는 것을 보고 듣거나 느끼는 현상을 의미합니다. 생성형 인공지능이 부각된 후로는 또 다른 의미로 쓰이게 되었습니다. 인공지능이 실제로 존재하지 않거나 거짓으로 정보를 만들 때 이 용어를 사용하죠.

인공지능의 할루시네이션 현상이 처음 발견되었을 때, 국내 언론은 이를 환각이라고 번역해 사용했는데요. 최근에는 의학적인 환각 현상과 구분하기 위해 할루시네이션이라는 표현을 그대로 사용하는 경우가 많습니다.

앞서 본 것처럼 인공지능이 없는 사실을 지어서 이야기하는 것이 대표적인 할루시네이션 사례입니다. 이 외에도 일어난 적 없는 역사적 사건을 이야기하거나 가짜 논문을 만들어 내고, 존재하지 않는 저자를 제시하는 경우도 있습니다.

할루시네이션은 모든 생성형 인공지능에게서 발생합니다. 글을 쓰는 챗GPT뿐만 아니라 그림을 그리는 인공지능 역시 마찬가지죠. 개발 초창기에는 손가락이 열 개가 넘는 이미지를 만들어 냈고, 이미지에 들어가는 영어나 한글의 철자를 틀리는 경우도 많았습니다.

이런 현상은 왜 발생할까요? 앞에서 간단하게 살펴보았듯 인공지능이 실제 정보를 '이해'하는 것이 아니라는 것이 가장 큰 이유로 꼽힙니다.

우리는 대화할 때 상대방의 말을 이해하고 알맞은 답변을 합니다. 하지만 인공지능은 주어진 문맥과 앞선 단어 들을 보고, 그다음에 나올 단어나 문장을 '확률'적으로 예측할 뿐입니다. 그저 학습한 데이터를 바탕으로 '이다음엔 이런 단어가 나올 가능성이 높다'라는 가정하에 문장을 만드는 거죠. "개구쟁이 철수가 학교에서"라는 문장을 생성했다면, 그다음에는 "장난을 쳤다"와 같은 문장이 오는 것이 자연스럽겠죠?

그러나 실제로는 개구쟁이 철수는 대체로 학교에서 장난을 치겠지만, 가끔은 진중한 모습을 보일 때도 있을 거예요. 따라서 데이터 기반인 인공지능의 특성상 100퍼센트 맞는 답을 내놓는 것은 불가능에 가깝습니다.

그리고 인공지능은 데이터를 보고 규칙을 찾는데 특화되어 있다 보니 없는 규칙을 마치 있는 것처럼 착각하기도 합니다. 우리가 구름을 보면서 닮은 동물 모습을 떠올리는 것처럼요.

그렇지만 우리는 구름을 보고 생김새가 비슷한 동물을 '상상했다'는 것을 인지하고 있습니다. 반면 인공지능은 구름을 '진짜' 동물로 착각하죠.

또한, 인공지능은 학습 데이터가 좋을수록 성능이 뛰어납니다. 그러니 학습한 데이터에 오류가 있거나 일부 정보가 누락되어 있으면 잘못된 답을 만들 수 있겠죠.

할루시네이션을 파악하고 대처하는 일이 중요한 이유는 잘못 제공된 정보로 인해 다양한 문제가 발생할 수 있기 때문인데요. 예를 들어 여러분이 인공지능의 도움을 받아 제출한 과제에 할루시네이션이 발생한 결과가 포함되어 있다면 낮은 점수를 받게 될 것입니다.

더 큰 문제는 인공지능이 틀린 정보를 사실처럼 말했을 때 사람들이 그걸 그대로 믿고 퍼트린다는 점입니다. 특히 의료나 금융 같은 분야에서 잘못된 정보가 사용되면 매우 심각한 결과가 발생할 수 있습니다.

그렇다면 우리는 할루시네이션을 극복할 수 있을까요? 일부 학자들은 트랜스포머 기술의 한계 때문에 할루시네이션을 근본적으로 해결하기 어렵다고 주장합니다.

하지만 인공지능 기업들은 여러 최신 기법을 적용하며 이 문제를 점진적으로 개선해 나가고 있습니다. 아직 완벽한 해결책은 나오지 않았지만, 최신 결과물과 과거의 것을 비교해 보면 할루시네이션 현상이 현저히 줄어들었음을 느낄 수 있습니다.


## 더 교묘해진 할루시네이션,
## AI 리터러시가 필요한 이유!


인터넷을 뜨겁게 달구었던 세종대왕 밈은 이미 지나간 이야기가 되었습니다. GPT-4o 버전 챗GPT에게 같은 질문을 하면 다음 이미지와 같이 정상적인 답변을 얻을 수 있습니다. 최근 챗GPT는 초창기 3.5 버전에서 발생했던 문제들이 많이 개선되어 눈에 띄는 '큰 실수'는 하지 않습니다.

하지만 할루시네이션은 끝나지 않았습니다. 더욱 교묘해지고

**세종대왕은 이제 맥북 프로를 던지지 않는다**

있죠. 전문가들만이 식별할 수 있는 사례가 증가하고 있습니다. 이런 사례들은 얼핏 보면 정확해 보이지만 실제로는 미묘한 오류를 포함하고 있어 일반 사용자가 알아채기 어렵습니다.

인공지능이 특정 기업의 분기별 재무 결과를 정리하면서 실제 데이터와 맞지 않는 허위 재무 정보를 포함한 기사를 작성한 사례가 대표적입니다. 이런 정보는 금융 전문가나 해당 기업의 실제 재무 정보를 아는 사람만이 오류를 찾아낼 수 있습니다. 일반 독자에게는 진실처럼 보이니까요. 더 심각한 것은 전문가가 나중에 해당 기사가 거짓이라고 지적하더라도, 이미 많은 사람이 기사 속 할루시네이션을 사실로 받아들인 후일 수 있다는 점입니다.

이처럼 할루시네이션 사례가 계속 교묘해지기 때문에 인공지능에 대한 비판적 사고와 함께 AI 리터러시의 중요성이 더욱 강조되고 있습니다. 인공지능의 도움을 많이 받음에도 여전히 인간의 판단과 비판적 시각이 필수적이죠.


## 가짜 뉴스!
## AI 리터러시가 필요한 또 하나의 이유

지금까지 인공지능의 구조적 한계로 발생하는 거짓말, 할루시네이션이 무엇인지 알아봤습니다. 앞에서 말했듯 인공지능의 실수라고 할 수 있는 이 현상은 우리가 판단력과 비판력을 갖추면 대응할 수 있는 문제입니다.

하지만 최근 인공지능의 거짓말은 한 단계 더 나아갔습니다. 인간의 의도가 들어간 거짓말을 하게 된 것입니다. 인간이 인공지능을 이용해 만들어 내는 허위 사실들이 큰 사회 문제로 급부상하고 있죠.

이러한 거짓말이 보다 위험한 이유는 인간이 단순히 장난을 위해 인공지능으로 허위 사실, 즉 '가짜 뉴스'를 만들지는 않았을 것이기 때문입니다. 분명 목적을 가지고 있기에 더욱 교묘하게 만들어졌을 것이며, 대중에게 파고드는 속도도 빠릅니다.

가짜 뉴스는 기술의 발전과 함께 진화하고 있습니다. 2016년에 치러진 미국 대통령 선거에서 가짜 뉴스가 본격적으로 확산되기 시작되었는데요. 당시 대통령 선거 기간 동안 가장 인기 있었던 스무 개의 가짜 뉴스에 대한 대중의 반응은 총 871만 1,000건에 달했습니다. 이는 CNN이나 〈뉴욕 타임스〉 등 기성 미디어에서 가장 호응이 많았던 기사 스무 개에 대한 대중의 반응을 넘어선 수치입니다. 또한, 흥행한 가짜 뉴스 스무 개 중 열일곱 개가 특정 후보에 유리했다고 하죠.

그중 "프란치스코Francesco 교황이 도널드 트럼프Donald Trump 후보를 지지했다"는 가짜 뉴스는 SNS를 통해 빠르게 확산되며 큰 파장을 일으켰습니다.

이런 형태의 가짜 뉴스는 주로 정치적 목적을 가지고 있었으며,

2016년 미국 대선 후보였던 도널드 트럼프(좌)와 프란치스코 교황(우)

진실을 왜곡해서 특정 후보를 지지하거나 반대하는 데 사용되었습니다.

이때의 가짜 뉴스는 단순 허위 정보만을 퍼트렸지만, 이제는 인공지능이 만든 이미지로 유권자를 혼란에 빠뜨리고 있습니다.

2024년 미국 대선이 대표적 예입니다. 일부 트럼프 지지자들은 인공지능으로 생성된 가짜 이미지를 활용해 흑인 유권자를 공략했습니다. 트럼프와 흑인 여성들이 친밀하게 함께하는 이미지였습니다. 트럼프가 흑인 사회에서 강력한 지지를 받는 것처럼 보이게 하려는 의도였죠. 이런 이미지는 얼핏 보면 진짜 같습니다. 백 마디 글보다 사진 한 장이 더 파급력이 있듯 말입니다.

2023년 5월 22일에는 미국 국방부 펜타곤이 폭발했다는 가짜

미국 대선에 영향을 미치는 할루시네이션

사진이 SNS를 통해 미국 전역에 빠르게 퍼졌습니다. 이 때문에 미국 주식 시장이 잠시 출렁이는 사태까지 벌어졌습니다. 이 사건은 인공지능이 만든 가짜 이미지가 실제 금융 시장에 영향을 줬다는 점에서 대중에게 인공지능에 대한 우려를 증폭시키는 결과를 가져왔습니다.

딥페이크<sup>deepfake</sup> 기술이 등장하면서 사람들의 걱정은 더욱 커졌습니다. 이 기술을 사용하면 영상 속 인물의 얼굴과 목소리를 조작해 실제 존재하지 않는 장면이나 발언을 만들어 낼 수 있습니다. 대통령의 얼굴에 조작된 음성을 덧붙이거나 정치인의 가짜 연설 영상이 대표적인 예이죠.

실제로 2023년 1월, 당시 미국의 조지프 바이든<sup>Joseph Biden</sup> 대통령이 백악관에서 성 소수자를 폄훼하는 연설을 하는 가짜 영상이 유포되었습니다. 버락 오바마<sup>Barack Obama</sup> 미국 전 대통령의 연설을 조작한 영상도 널리 퍼진 바 있으며, 트럼프를 겨냥한 가짜 영상도 유포되었죠.

영상은 사진보다 사람들이 더 쉽게 속기 때문에 훨씬 영향이 큽니다. 또한 딥페이크 영상은 날이 갈수록 실제와 구별하기 어려울 정도로 정교해지고 있습니다. 대중이 가짜 뉴스에 예전보다 많이 속게 된 이유죠.

이 문제들은 최근 몇 년 동안 우리 사회와 개인의 일상에 심각한 위협을 가하고 있습니다. 가짜 뉴스는 나와 상관없다고 생각하는 사람도 있을 겁니다. 하지만 가짜 뉴스와 딥페이크는 이미 개인의 사생활과 명예를 훼손하는 영역까지 진출했습니다.

특히 청소년들은 SNS와 스마트폰을 많이 활용하기에 잘못된 정보나 조작된 영상을 접할 가능성이 더 큽니다. 때문에 인공지능으로 만든 가짜 이미지와 영상을 구별할 줄 알아야 합니다. 부자연스러운 점이나 기술적 오류를 감지하는 능력이 필요하죠.

하지만 기술이 발전하면서 점점 가짜를 판별하기 어려워지고 있습니다. 그래서 온라인에서 접하는 정보가 진실인지 의심하고 검증하는 습관을 길러야 합니다. 뉴스나 영상의 출처를 확인해야 하는 이유죠.

또한, 인공지능이 우리의 사생활과 깊게 연관되어 있다는 점을 이해해야 합니다. 그렇기 때문에 딥페이크 영상이 만드는 것도 문제지만 공유나 유포하는 것 역시 큰 문제가 되는 것입니다.

많은 사람이 재미있는 콘텐츠를 친구들과 빠르게 공유하는 문화 속에서 살아가고 있기에 이런 행위의 심각성을 간과하기 쉬운데요. 한번 SNS에 올라간 딥페이크 영상은 순식간에 수천, 수만 명에게 퍼질 수 있습니다. 그리고 이는 피해자에게 회복하기 어려운 정신적 상처를 남깁니다.

이처럼 우리는 윤리적 판단을 잘 내리기 위해서 AI 리터러시를 필수적으로 갖춰야 합니다. 다음 장에서는 AI 리터러시를 갖추기 위한 방법들을 하나씩 상세하게 알아보도록 하겠습니다.

## 할루시네이션이 법정에 선 날

2019년, 미국에서 한 승객이 항공기 기내에서 발생한 사고로 부상을 입었다며 소송을 제기했습니다. 그리고 이 사건을 담당한 두 변호사는 변론 자료를 준비하는 과정에서 챗GPT의 도움을 받아 판례를 수집해 제출했습니다. 하지만 그 자료들이 모두 실제로 존재하지 않는 허위 자료였다는 사실이 드러났습니다. 인공지능이 만들어 낸 가짜 판례를 제대로 검증하지 않은 채 법원에 낸 것입니다.

뉴욕 맨해튼 연방 법원은 이 사건을 매우 심각하게 받아들였고, 두 변호사에게 각각 5,000달러(약 650만 원)의 벌금을 부과했습니다. 법원의 판결문에서 판사는 "인공지능을 통해 허위로 작성된 법률 자료는 법조계와 미국 사법 제도에 대한 신뢰를 훼손할 수 있다"고 경고했습니다. 또한 "처음부터 인공지능을 사용했다고 솔직하게 밝혔다면 이런 제재는 없었을 것"이라고 덧붙였습니다.

이 사건은 우리에게 중요한 교훈을 전해 줍니다. 우선, 인공지능이 만든 정보는 반드시 검증이 필요하다는 점입니다. 아무리 그럴듯한 자료라도 실제 존재하는지 꼭 확인해야 합니다. 또한, 인공지능을 사용할 때는 이를 투명하게 밝혀야 합니다. 숨기려다 더 큰 문제가 될 수 있으니까요.

더 나아가 이 사건은 이번 장에서 강조한 AI 리터러시가 얼마나 중요한지 잘 보여 줍니다. 두 변호사는 모두 법 전문가입니다. 하지만 인공지능이 만든 정보를 제대로 이해하고 검증하는 능력이 부족했죠. 단순히 인공지능을 사용하는 것을 넘어 그것이 어떻게 작동하고, 어떤 한계가 있는지 아는 것이 얼마나 중요한지 알려 주는 사례인 셈입니다.

PART 2

# AI 리터러시로 준비하는
# 우리의 미래

# 의심하고
# 또 의심하라!

ASK ME ANYTHING

?

만병통치약이라고 사기 치는
'뱀 기름' 같은 인공지능이 너무 많다.
° 아르빈드 나라야난

# 정보의 출처와
# 신뢰도를 파악하기

## 인공지능이 알려 주는 정보는
## 믿을 수 있을까?

앞에서 우리는 인공지능이 거짓말하는 모습을 보았습니다. 챗GPT나 클로드와 같은 생성형 인공지능은 방대한 데이터로 학습하지만 그 데이터가 모두 신뢰할 만한 것은 아니라고 이야기했었죠. 인공지능은 단지 학습된 데이터를 기반으로 가장 적절해 보이는 답변을 만들어 낼 뿐, 그 정보가 실제로 정확한지까지 판단하지는 못한다고도요.

몇 가지 사례를 살펴볼까요? 지금 소개할 두 가지 사례는 모두 챗GPT와의 대화를 통해 직접 발견한 것입니다.

사암을 포함한 산 가운데 세상에서 가장 높은 산은 뭐야?

사암(sandstone)을 포함한 산 가운데 세상에서 가장 높은 산은 **에베레스트 산(Mount Everest)**입니다. 에베레스트는 네팔과 중국(티베트) 국경에 위치하며 해발 8,848.86m로 세계에서 가장 높은 산으로 알려져 있습니다.

에베레스트 산은 주로 화강암, 편마암, 석회암 등 다양한 암석으로 이루어져 있지만, 산 정상 부근에는 고생대에 퇴적된 석회암과 사암이 포함됩니다. 이는 에베레스트가 과거 해저에서 형성된 퇴적암 지층이 대륙 충돌로 인해 현재의 높은 위치까지 솟아올랐기 때문입니다.

이 점은 에베레스트의 지질학적 매력을 더해 주며, 이 산이 단순히 높기만 한 것이 아니라 지질학적으로도 흥미로운 이유 중 하나입니다.

출처가 있어?

에베레스트 산 정상 부근의 지질 구성에 대한 상세한 정보를 제공하는 출처는 현재 검색 결과에 포함되어 있지 않습니다. 그러나 일반적으로 에베레스트 산은 다양한 암석으로 이루어져 있으며, 특히 정상 부근에는 석회암과 사암이 포함되어 있다는 것이 알려져 있습니다. 이러한 지질학적 특성은 에베레스트 산이 과거 해저에서 형성된 퇴적암 지층이 대륙 충돌로 인해 현재의 높은 위치까지 솟아올랐음을 시사합니다.

출처

알려준 출처에서 사암이 있다는 정보는 찾기 힘든데?

에베레스트 산의 정상 부근에 사암이 포함되어 있다는 정보는 일부 지질학적 자료나 설명에서 다루어지지만, 일반적으로 석회암(limestone)이나 세일(shale) 같은 다른 퇴적암과 함께 언급됩니다. 제가 제공한 정보는 지질학적 연구의 일반적인 해석에 기반한 것이지만, 특정한 출처에서 이를 명확히 확인하기 어려울 수 있습니다.

사암이 에베레스트의 지질 구성에 포함된다는 명확한 근거를 제공하기 위해서는 신뢰할 수 있는 지질학 연구 논문이나 권위 있는 지질학 자료를 참조해야 합니다. 시간이 더 필요하거나 특정 논문에 접근해야 할 경우, 이를 찾아드릴 수도 있습니다.

이 주제에 대해 더 탐구하시려면 "에베레스트 산 지질 구조(Mount Everest geological structure)" 또는 관련 논문을 검색해 보시는 것을 추천드립니다. 필요하시다면 추가적으로 도와드릴게요!

추가적으로 도와줘

에베레스트 산의 지질 구성에 대해 자세히 살펴보면, 정상 부근은 주로 석회암과 세일로 이루어져 있습니다. 이러한 퇴적암은 과거 해양 환경에서 형성된 것으로, 인도판과 유라시아판의 충돌로 인해 현재의 높은 위치까지 융기되었습니다. 그러나 현재 이용 가능한 자료에서는 에베레스트 산 정상 부근에 사암이 포함되어 있다는 명확한 언급을 찾기 어렵습니다.

따라서, 에베레스트 산 정상 부근에 사암이 포함되어 있다는 주장은 현재로서는 확실한 근거를 제시하기 어렵습니다. 이와 관련된 정확한 정보를 얻기 위해서는 추가적인 지질학적 연구나 신뢰할 수 있는 전문 자료의 확인이 필요합니다.

출처

**챗GPT의 할루시네이션**

첫 번째 할루시네이션 사례는 '산'에 관한 질문을 했을 때 발생했습니다. 챗GPT에게 가장 높은 산이 무엇인지 물어보니 당연히 에베레스트산이라는 답변이 돌아왔습니다.

그래서 질문을 조금 더 구체적으로 해 보았습니다. 모래가 뭉쳐서 굳어진 암석, 즉 '사암'이 있는 산 중 가장 높은 산이 무엇이냐고 묻자, 여전히 에베레스트산이라고 답했습니다.

출처를 요구하자 에베레스트산의 일반적인 정보가 포함된 링크만 보여 주었습니다. 더 구체적인 출처를 달라고 했더니 갑자기 태도를 바꿔 논문을 찾아봐야 한다며 답변을 회피했죠. 이는 근거 없이 답변을 만들어 낸 뒤, 출처 확인이 어려워지자 모호한 답변으로 상황을 모면하려 하는 전형적인 인공지능 할루시네이션입니다.

두 번째 사례도 살펴보겠습니다. 챗GPT에게 5.11과 5.9 중 어느 수가 더 큰지 물었습니다. 여러분은 당연히 5.9가 더 크다는 사실을 알고 있죠?

하지만 챗GPT는 달랐습니다. 소수점 뒤에 위치한 11이 9보다 크다는 논리로 5.11이 더 크다고 답변한 것이죠. 이는 인공지능이

---

> 5.11과 5.9 중에서 뭐가 더 커?

5.11이 5.9보다 더 큽니다! 😊

소수점 첫 번째 자리(5.1 vs 5.9)에서 비교하면, 5.9가 더 크지만, 두 번째 자리까지 가면 5.11 > 5.9가 됩니다. 5.9는 사실 5.90으로 볼 수 있으니까요.

---

**일반적인 챗GPT 버전의 수학적 할루시네이션**

소수점 이하 자릿수의 의미를 제대로 이해하지 못하고 답변을 생성했기에 발생한 할루시네이션입니다.

흥미롭게도 추론에 특화된 챗GPT 버전의 경우 5.9가 더 크다고 정확히 답변했습니다. 적합하지 않은 인공지능 모델을 활용할 때 기본적인 오류가 발생할 수 있다는 점이 잘 드러나는 사례입니다. 인공지능이 발전하면서 할루시네이션이 극복되고 있다는 사실도 확인할 수 있죠.

이는 인공지능이 때로는 매우 그럴듯하지만 부정확한 정보를

---

5.11과 5.9 중에서 뭐가 더 커?

26초 동안 Thought about 5.11 vs 5.9 ∨

이 질문을 '십진수(소수) 크기 비교' 관점에서 해석한다면, 아래와 같은 계산 과정을 거칩니다.

- **5.9**는 소수점 이하를 세 자리로 맞추면 **5.900**으로 볼 수 있습니다.
- **5.11**은 소수점 이하를 세 자리로 맞추면 **5.110**입니다.

소수점 이하에서 0.900과 0.110을 비교하면, 0.900이 더 크므로, **5.9(=5.900)가 5.11(=5.110)보다 수치상 더 큽니다.**

---

**혹시 다른 맥락이라면?**

- 예컨대 **암벽등반 등급(요세미티 십진법)**을 가정한다면, 5.11 등급이 5.9보다 더 '높은(어려운) 난이도'입니다.
- 그러나 **일반적인 수치 비교**라면, 위와 같이 소수 비교를 통해 5.9가 더 크다고 결론지을 수 있습니다.

**추론에 특화된 챗GPT를 쓸 경우 사라지는 수학적 할루시네이션**

제시할 수 있음을 보여 줍니다. 신뢰할 만한 출처를 인용하는 것 같아도 실제 출처를 확인하면 인공지능이 알려 준 정보가 없는 경우도 종종 발생합니다. 심지어 오래된 정보를 최신 연구 결과인 것처럼 제시할 때도 있습니다.

그렇다면 우리는 어떻게 대처해야 할까요? 가장 중요한 것은 정보의 출처를 '꼼꼼히' 확인하는 것입니다. 먼저 그 출처 자체가 신뢰할 만한 곳인지 살펴보고, 출처에 인공지능이 한 이야기가 정확히 명시되어 있는지도 확인해야 합니다. 종종 어떤 데이터에서 학습했다는 모호한 설명이 제시되는 경우가 있습니다. 이때는 반드시 추가 확인이 필요합니다.

또한, 인공지능이 새로운 주장을 제시한다면 언제, 어디서, 누구에 의해 발표된 연구인지 살펴봐야 합니다. 요즘은 학계에도 다양한 연구가 발표되고, 때로는 소수 전문가의 가설 수준인 내용이 논문으로 나오며, 언론이 이를 '공식 확정'된 내용인 것처럼 인용하는 오류도 발생하기 때문입니다.


## 출처도 틀릴 수 있다


그럼 출처를 확인하는 것만으로 인공지능을 완전히 믿을 수 있을까요? 안타깝지만 아닙니다. 권위 있는 학자의 논문이나 유명 미디어의 기사라 할지라도 인간적인 실수나 편향이 개입될 수 있기 때문입니다. 정보가 오랫동안 업데이트되지 않아 시대에 맞지 않는 내용을 담고 있을 수도 있습니다.

인공지능은 이렇게 잘못되었거나 오래된 데이터를 학습해서 마치 신빙성 있는 자료인 것처럼 다시 제시하기도 합니다. 따라서 출처가 믿을 만하니 무조건 사실이라고 섣불리 판단하기보다는 여러 관점과 자료를 비교하는 '교차 검증'이 중요합니다.

실제로 교차 검증은 잘못된 정보를 바로잡는 강력한 도구가 됩니다. 복잡하고 논란이 많은 주제라면 최소한 두세 가지 이상의 자료를 살펴볼 필요가 있습니다.

최신 정보를 확인하는 것도 잊지 말아야 합니다. 빠르게 변화하는 현대 사회에서는 과학·기술·경제는 물론 문화와 예술 분야까지도 오래된 정보에만 의존한다면 잘못된 결론에 도달할 수 있습니다.

교차 검증을 너무 어렵게 생각할 필요는 없습니다. 먼저 믿을 만한 기관이나 사이트를 즐겨찾기에 저장해 두고 검증에 활용해 보세요. 정보가 언제 작성되고 업데이트되었는지 습관적으로 확인하는 것도 좋습니다.

그리고 인공지능이 제시한 답변의 핵심 키워드를 여러 검색 엔

진에 검색해 다른 관점을 살펴보세요. 특히 중요한 업무에 활용하기 위해 정보를 찾는 것이라면 인터넷을 검색하거나 전문 서적을 토대로 인공지능의 답변을 검증할 필요가 있습니다. 또한, 어떤 정보가 너무 그럴듯하거나 한쪽 입장에 치우쳐 있다면 의심하는 자세가 필요합니다.

주의해야 할 점도 있습니다. 많은 사람이 믿는 정보라고 해서 그것이 언제나 진실은 아니라는 점입니다. SNS나 온라인 커뮤니티에서는 때때로 잘못된 정보가 집단적 신념처럼 굳어지기도 합니다. 사람들이 서로의 주장을 '좋아요'나 '동의'로 지지하면서 잘못된 내용이 바로잡히지 않고 오히려 널리 퍼지는 경우도 있습니다. 음모론이 빠르게 퍼지는 것이 대표적이죠.

미국의 법학자 캐스 선스타인Cass Sunstein이 처음 주장한 '에코 체임버echo chamber(반향실 효과)' 현상이 이런 문제를 더욱 심화시키고 있습니다. 에코 체임버란 동굴에서 메아리가 울리듯 비슷한 생각을 하는 사람들끼리 모여 서로의 의견을 반복적으로 확인하고 강화하는 현상을 말합니다.

인터넷에서 우리는 이미 이 현상을 목격하고 있습니다. 이런 환경에서는 잘못된 정보라도 마치 절대적 진실인 것처럼 받아들여지기 쉽습니다. 더 큰 문제는 에코 체임버 안에서는 교차 검증을 시도해도 결국 비슷한 의견만 확인하게 되어 진정한 검증이 이뤄지기 어렵다는 점입니다.

또 하나 주의해야 할 점이 있습니다. 우리는 정보의 진위를 확인하기 위해 흔히 위키피디아나 나무위키 같은 온라인 백과사전을 찾아봅니다. 이러한 플랫폼에서는 여러 사람이 동시에 글을 편집하고, 사실 관계를 검토하면서 정보를 더욱 정교하게 다듬습니다. 서로 조금씩 지식을 보태고 잘못된 부분을 고쳐 나가며 점점 더 정확한 정보에 가까워질 수 있다는 점에서 교차 검증의 좋은 사례처럼 보입니다.

하지만 집단 지성이라고 해서 무조건 신뢰할 수는 없습니다. 17세기 포르투갈과 인도 사이에서 벌어졌다는 '비흘림 분쟁Bicholim Conflict'에 대해 들어본 적이 있나요? 위키피디아에 상세하게 작성된 이 포스팅은 '우수 기사good article' 지위까지 얻었습니다.

하지만 이 분쟁은 실제로는 존재하지 않았던 허구의 사건이었습니다. 그런데도 오 년이나 정상적으로 게재되어 있었죠. 만약 여러분이 위키피디아에서 이 분쟁과 관련된 내용을 봤다면 그것이 가짜라고 인식할 수 있었을까요?

이처럼 집단 지성도 다른 신뢰할 만한 출처와 비교하고 검증할 필요가 있습니다. 다수가 지지하는 의견이라도 정말 맞는지 의문을 던져 보세요. 소수의 다른 의견이나 반대되는 시각은 없는지 찾아보는 것도 좋습니다.

The **Bicholim Conflict** of 1640-1641 was a period of armed conflict between the Portuguese rulers of Goa and the Maratha Empire led by Shivaji Bhonsle in the northern regions of Goa, particularly in the Bicholim region. The conflict lasted from mid 1640 to early 1641, when the Maratha Confederacy and the Portuguese signed a treaty by which they would respect the pre-existing Maratha-North Goa boundary.[1] However, the conflict continued to cause tension between the Maratha rulers and the Portuguese in Goa and the islands of Daman and Diu.[2] While the conflict mainly remained localized to Northern Goa, at one point anti-Portuguese uprisings occurred in the neighbouring regions of Pernem and Bardez.[3]

| Bicholim Conflict | | |
|---|---|---|
| Date | Mid 1640 - early 1641 | |
| Location | North Goa - particularly in region of Bicholim, Pernem and Bardez | |
| Result | Treaty of non-aggression | |
| Belligerents | | |
| Maratha Empire Local villagers | | Portuguese Empire |
| Commanders and leaders | | |
| Shivaji Bhonsle | | Matias de Albuquerque Alberto Pinto |

**Contents** [hide ▣]

위키피디아에 실제로 업로드되어 있었던 비흘림 분쟁

인공지능이 제공하는 정보도, 믿을 만한 출처의 정보도, 구독하는 유튜브의 정보도, 집단 지성으로 정리된 위키피디아의 정보도 틀릴 수 있습니다. 결국 중요한 것은 균형 잡힌 시각입니다. 쉽게 얻을 수 있는 정보를 적극적으로 활용하되, 맹목적으로 믿지 않는 자세가 필요합니다. 나만의 굳건한 중심을 세우는 것, 그것이야말로 끊임없이 밀려오는 정보의 물결 속에서 흔들리지 않는 힘이 될 것입니다.

## 세상은 다양성 속에서 진실을 추구한다

정보의 신뢰도를 확인하는 과정에서 꼭 기억해야 할 것은 세상의 모든 문제가 하나의 정답만을 가지고 있지는 않다는 점입니다. 동일한 사건이나 현상도 보는 관점에 따라 해석이 달라질 수 있습니다.

예를 들어 같은 역사적 사건이어도 A 국가에서는 정의로운 행동으로 기록되는 반면, B 국가에서는 침략 행위로 묘사되기도 합니다. 이렇듯 세상은 늘 다양한 관점을 바탕으로 굴러가죠.

인공지능이 제공하는 정보도 마찬가지입니다. 하나의 사건이나 사실에 대해 서로 다른 해석을 담은 데이터가 있다면, 인공지능은 어느 쪽 데이터를 더 많이 학습했느냐에 따라 상반된 답변을 할 수 있습니다. 이럴 때는 우리 스스로 여러 관점을 살펴보고 각 주장이 얼마나 타당한지 꼼꼼히 확인해야 합니다.

구체적인 예를 들어 볼까요? 한 학생이 과제를 위해 챗GPT에게 세계에서 가장 긴 강이 무엇인지 물어보았습니다. 인공지능은 나일강이라고 답했고, 학생은 자신이 알고 있던 정보와 일치하는 답변이었기에 이를 그대로 보고서에 반영했죠. 하지만 최근 아마존강이 더 길다는 연구 결과가 발표되었다는 사실을 알았다면 어땠을까요?

다른 학생은 비슷한 상황에서 챗GPT의 답변을 교차 검증했다고 가정해 봅시다. 이 학생은 검색을 통해 아마존강이 더 길다는 최신 연구 결과를 발견했고, 이를 토대로 보고서를 쓰려고 했죠.

하지만 여기서 끝났다면 이 학생 역시 완벽한 답안을 작성하기는 힘들었을 거예요. 나일강이 더 길다는 주장 역시 여전히 올바른 답변이기 때문입니다. 실제로 어느 강이 더 긴지는 '강의 지류를 어디까지 포함하여 측정하느냐'에 따라 결과가 달라질 수 있다는 점이 핵심이었죠.

이처럼 논란의 여지가 있는 주제는 여러 관점을 균형 있게 살펴봐야 합니다. 위 질문에 대한 가장 좋은 답안은 "아마존강이 더 길다는 최근의 연구 결과도 있지만, 나일강이 더 길다고 보는 견해도 여전히 많다"고 양쪽 시각을 모두 다루는 것이겠죠. 이렇게 교차 검증은 단순히 하나의 정답을 찾는 과정이 아닌, 주제에 대해 더 깊이 이해할 수 있도록 돕는 과정입니다.

여러 관점으로 정보를 바라보는 습관은 우리의 사고를 더욱 풍부하게 만듭니다. 예전에는 당연하게 받아들였던 정보도 이제는 한 번 더 생각하게 되죠.

역사책마다 같은 사실을 다르게 서술하는 이유는 무엇일까요? 혹시 저자나 출판사가 각자 다른 배경을 가지고 있지는 않을까요? 그 시대의 정치적 상황이나 사회적 분위기가 서술에 영향을 미친 것은 아닐까요?

　이런 질문들은 단순히 의심을 위한 의심이 아닙니다. 오히려 정보의 맥락을 확실히 파악하고, 그 속에 담긴 다양한 의미를 발견하는 데 도움이 됩니다. 때로는 겉으로 드러나지 않는 감정적인 요소나 정치적인 입장이 정보에 영향을 미칠 수도 있죠. 이렇게 여러 층위를 이해할 때, 우리는 비로소 정보를 온전히 이해하고 활용할 수 있게 됩니다.

# 결국 진리를 찾는 사람은 '나'

## 무작정 믿지 말고 끊임없이 의심하기

인공지능과 대화를 하면서도, 인터넷이나 책 등 다양한 매체에서 정보를 얻으면서도 우리는 언제나 궁극적으로 무엇이 진실인지에 대한 질문을 마주합니다. 앞에서 인공지능의 답변을 교차 검증하고, 정보의 출처와 신뢰도를 꼼꼼하게 확인해야 한다고 강조했습니다.

여기에는 한 가지 중요한 전제가 더 필요합니다. 바로 '비판적이고 주체적인 태도'입니다. 스스로 생각하고 판단하지 않으면 우리는 쉽게 잘못된 길로 빠질 수 있습니다.

이 시점에서 우리가 되짚어 봐야 할 인물이 있습니다. 바로 고대 그리스의 철학자 소크라테스입니다. 그는 '대화'와 '문답법'으로 유명한데요. 어느 날, 아테네 시민들이 앞날을 점치기 위해 자주 찾던 델포이 신전에서 "소크라테스가 아테네에서 가장 지혜로운 사람"이라는 신탁이 내려졌습니다. 소크라테스는 자신이 아무것도 모른다고 생각했기에 이 말을 이상하다고 여겼습니다.

그래서 그는 정말 자신이 지혜로운지 확인하기 위해 시인, 정치가, 장인 등을 직접 찾아가 대화를 나누기 시작했습니다. 그들이 '진정한 지식'을 가지고 있는지 묻고 또 물었죠.

이 과정에서 그는 놀라운 사실을 발견했습니다. 사람들이 스스로 많이 알고 있다고 자부하면서도 막상 이야기를 나눠 보면 제대로 설명하지 못하거나 모순된 답변을 내놓는 경우가 많았던 것입니다.

그제야 소크라테스는 깨달았습니다.

"나는 내가 모른다는 사실을 알지만, 그들은 모른다는 사실조차 모르고 있구나."

이것이 바로 '무지無知의 지知', 즉 '자신이 얼마나 모르는지를 아는 것'이야말로 비판적 사고의 시작임을 보여 주는 대표적인 일화입니다.

소크라테스는 무지의 지를 알리기 위해 끊임없이 질문을 던집니다. 정말 그 말이 옳은지를 묻고, 반대되는 경우는 없는지 확인합니다. 근거도 계속해서 캐묻죠. 소크라테스가 던진 질문들은 단순한 딴지 걸기가 아니라 상대방과 자신을 함께 깊은 사고의 장으로 이끄는 도구였습니다. 확실해 보이는 주장도 끝없이 파헤치는 비판적 사고를 통해 진실에 다가가고자 했습니다.

그렇지만 비판적 사고가 모든 것을 부정하는 걸 의미하지는 않습니다. 소크라테스와 비슷한 시기에 활동하던 소피스트sophist들은 진리 자체를 크게 신뢰하지 않았습니다. 이들은 진리란 사람마다 다르고, 상황마다 달라지는 것이라고 주장하며 돈을 받고 논쟁에서 이기는 기술만 가르치는 경우도 있었습니다. 상대방의 말에 사사건건 딴지를 걸거나 교묘한 말재주로 논리를 흐려 놓기도 했죠.

소크라테스는 달랐습니다. 그는 진리란 분명히 존재하며, 우리가 아직 찾지 못했다고 믿었습니다. 그래서 결코 맹목적으로 불신하지 않았고, 오히려 건설적인 질문을 통해 조금씩 더 나은 답을 찾아가려 했습니다.

자신은 아무것도 모른다고 말한 소크라테스의 의도는 진리가 존재하지 않는다는 뜻이 아닙니다. 지금 당장은 모르지만, 끊임없는 질문을 통해 진리에 한 걸음씩 다가갈 수 있다는 희망과 신념이 담겨 있죠. 이런 소크라테스의 방법은 인공지능에게 질문을 던지며 진리를 찾아가는 우리에게 깊은 가르침을 줍니다.

더 나아가 인공지능이든, 인터넷이든, 책이든 어떤 정보나 주장을 접했을 때 소크라테스처럼 마음속에 작은 의문의 촛불을 켜 두는 것도 중요합니다. 이렇게 비판적이면서도 열린 태도로 질문한다면 우리는 어떤 경로로 정보를 얻든 진리에 한 발짝 더 가까이 다가갈 수 있을 것입니다.


## 무엇을 더 신뢰할 수 있을까?

비판적 사고와 태도를 갖추고 나면 자연스럽게 "어떤 매체를 더 믿을 수 있을까?"라는 질문이 생깁니다. 많은 사람이 인공지능 – 인터넷 – 책 순으로 신뢰도가 올라간다고 생각합니다. 이유는 간단합니다. 책은 저자와 편집자, 출판사 등 여러 단계를 거쳐 꼼꼼히 검토하는 과정이 있어서 잘못된 내용을 함부로 싣기 어렵기 때문입니다.

반면 인터넷은 누구나 자유롭게 글을 올릴 수 있으니 잘못된 정보가 걸러지지 않은 채 남아 있을 가능성이 큽니다. 인공지능 역시 방대한 데이터를 학습했을 뿐, 그 데이터의 '질'을 스스로 판단해서 걸러 내기란 아직 쉽지 않습니다.

그렇다면 책의 내용은 무조건 믿을 수 있을까요? 그렇지 않습니다. 책 역시 저자의 편향이나 시대적 한계를 반영합니다. 수백 년 전에 출간된 책에는 과학적으로 전혀 말이 되지 않는 내용이 들어가 있기도 합니다.

심지어 비슷한 시기에 쓰인 책이라고 해도 저자마다 같은 사건을 바라보는 시각이 전혀 다를 수 있습니다. 시대를 막론하고, 어떤 저자는 자신이 속한 문화나 정치적 배경에 따라 특정한 입장을 강조하는 글을 쓰기도 하거든요.

인터넷이라고 해서 무조건 수준 낮은 정보만 있는 것도 아닙니다. 오히려 공신력 있는 기관의 보고서나 학술 논문을 무료로 읽을 수 있고, 최신 연구 결과를 실시간으로 확인할 수도 있습니다. 인공지능이 만드는 콘텐츠 또한 시간이 지날수록 더욱 정교해지고 있죠. 어쩌면 이 책도 머지않아 인공지능이 학습해 새로운 콘텐츠를 만드는 데 활용할지도 모릅니다.

이처럼 매체마다 장단점이 있고, 그 경계는 시간이 흐를수록 더욱 빠르게 변화하고 있습니다. 15세기 요하네스 구텐베르크<sup>Johannes</sup> <sup>Gutenberg</sup>의 활판 인쇄술이 책을 대중화했듯이, 21세기 초반에는 인터넷이, 지금은 인공지능이 엄청난 속도로 정보를 전파하고 있습니다.

어떤 사람들은 이런 상황을 보고 종이책의 시대는 끝이 났다고 이야기합니다. 하지만 책은 여전히 우리에게 지식을 전달하는 중요한 매체로 인정받고 있습니다. 인쇄물과 디지털 콘텐츠가 공존하는 시대이기 때문에 어느 하나만 절대적으로 맞다고 단언하기가 점점 더 어려워지고 있죠.

결국 핵심은 매체 간 우열을 가리는 것이 아니라 각 매체가 전달하는 정보를 어떻게 확인하고 해석하느냐입니다. 어떤 글을 접하든 그 출처는 어디인지, 누가 썼는지, 어떤 검증 과정을 거쳤는지를 먼저 살펴보아야 합니다. 그러고 나서도 정말 맞는지 작은 의문을 가져 보세요. 소크라테스처럼 질문을 통해 더 나은 답을 찾아가는 거죠.

오늘날 정보의 양은 폭발적으로 늘어나고 있고, 그것을 평가하는 기준도 점점 복잡해지고 있습니다. 지금 우리가 진정으로 고민해야 할 것은 스스로 판단하는 눈을 키우는 일입니다. 교차 검증도 해 보고, 다른 전문가의 의견도 들어 보고, 내 생각과 다르다면 왜 그런지를 곰곰이 따져 보아야 합니다. 이 과정에서 우리는 지식을 얻는 데 그치지 않고 깊이 있는 통찰과 자기 성찰까지 함께 경험합니다.

인류는 오랫동안 무엇이 참된 지식이고, 어떻게 믿을 만한 정보를 찾을 수 있을지 고민해 왔습니다. 때로는 책을 불태웠던 암흑시대가 오기도 했고, 현재와 같이 정보의 홍수 속에서 방향을 잃고 방황하는 시대도 있습니다.

하지만 변하지 않는 사실은 결국 정보를 해석하고 의미를 부여하는 것은 인간의 역할이라는 점입니다. 책, 인터넷, 인공지능이 어떻게 변하든 "이건 정말 믿을 만한가?" "나는 왜 이 주장을 옳다고 생각하는가?"라는 질문을 던져 보는 일이야말로 인간 고유의 지적 능력이 아닐까요?

## 정보 해석의 주체는 '나'

정보를 얻는 경로도 중요하지만, 더 중요한 것은 정보를 해석하는 사람이 누구냐는 점입니다. 정보 해석의 주체는 다름 아닌 '나 자신'이니까요. 흔히 편향된 정보를 피해야 한다고 말하지만, 사실 우리는 이미 정치적·문화적·종교적·정서적 편향을 갖고 있다고 이야기했었죠?

내가 좋아하는 정치인이나 연예인과 관련된 불리한 소문이 떠돌면 왠지 그 소문이 잘못되었거나 과장되었을 것이라고 믿고 싶어집니다. 반면 유리한 정보가 나오면 쉽게 수용하곤 하죠. 이처럼 우리가 믿고 싶은 방향으로만 정보를 선택하고 해석하는 현상을 '확증 편향confirmation bias'이라고 부릅니다.

이런 편향은 아주 자연스러운 인간의 심리 작용입니다. 우리는 날 때부터 끊임없이 주변 세계를 관찰하고, 그 정보를 바탕으로 자신만의 세계관을 만듭니다. 문제는 세계관이 한번 굳어 버리면, 그것을 깨뜨릴 만한 새로운 정보를 꺼리거나 무시하게 된다는 것이죠. 결국 내가 보고 싶은 것만 보고, 듣고 싶은 것만 듣는 함정에 빠지게 됩니다.

이 함정을 피할 수 있을까요? 그러기 위해서는 먼저 자신이 어떤 시각에서 정보를 바라보고 있는지 자각하는 태도를 가져야 합니다. 스스로를 객관적이라고 여기더라도, 사실은 특정 선호나 세계관을 바탕으로 판단을 내릴 수 있기 때문이죠. 그리고 어떤 편향을 가지고 정보를 무시하고 있지는 않는지 돌아봐야 하며, 특정 정보를 왜곡해서 받아들이지는 않는지도 스스로에게 물어봐야 합니다. 이런 질문을 통해 우리는 한 걸음 물러서서 보다 객관적인 사고를 할 수 있습니다.

그런데 요즘은 인공지능이라는 새로운 정보원이 등장하면서 우리의 선택지도 더욱 복잡해졌습니다. 인공지능의 답변은 얼핏 보면 매우 정확하고 객관적으로 보입니다. 하지만 앞서 살펴본 것처럼 인공지능 역시 편향된 데이터를 학습한 후 답변을 만들기도 합니다. 또 어떤 정보는 시대적·문화적 한계를 지니고 있죠. 무엇보다 인공지능은 인간처럼 실제로 경험을 하거나 감정을 느끼지 못하기 때문에 답변이 아무리 그럴듯해 보여도 정말 옳은지 의심하는 태도가 필요합니다.

어떤 사람들은 인공지능의 답변을 그대로 믿기도 합니다. 인간은 편안함을 추구하기 때문에 인공지능의 답변이 손쉽고 논리정연하다는 이유만으로 타협하고 마는 것이죠. 인공지능이 내놓은 그럴싸한 대답을 보면 귀찮은 검증 과정을 건너뛰고 싶은 마음이 들수도 있습니다.

하지만 우리는 앞에서 인공지능의 결론이 잘못될 수 있다는 것을 확인했죠. 인공지능은 '지적 도구'지만 '도덕적 판단 도구'는 아닙니다. 윤리적 책임을 지지도 않죠. 그렇기 때문에 인공지능의 답변을 바라볼 때는 비판적인 시각에서 질문을 던지는 것이 필수입니다.

결국 "진리는 본인이 직접 찾아가는 것"이라는 말을 통해 강조하고 싶은 것은 '진리'라는 단어가 먼 과거의 철학자나 어려운 학문만의 것은 아니라는 점입니다.

이 진리로 향하는 길을 가는 데 도움이 되는 도구는 생각보다 많습니다. 인공지능이라는 첨단 기술과 인터넷이라는 광활한 정보의 바다 그리고 세대를 거쳐 축적된 지혜가 담긴 책까지 있죠.

무조건 딴지를 걸거나 불신하는 소피스트 같은 태도가 아니라, 소크라테스처럼 무지의 지와 같은 겸손과 열린 마음을 가지고 끊임없이 질문을 던져 보세요. 그것이야말로 AI 시대에 길을 잃지 않고, 무수한 주장과 의견 속에서도 흔들림 없이 진리를 찾아갈 수 있는 가장 확실한 방법입니다.

# 인공지능도 윤리가 필요하다

## AI 시대의 정보 권력과 윤리

여러분은 프랑스의 유명 철학자 미셸 푸코Michel Foucault를 알고
있나요? 푸코는 현대 사상을 대표하는 인물 중 한 명입니다. 규율
사회·성性 권력·감시와 처벌 등에 관해 그가 제기한 문제의식은
지금도 여러 학문 분야에 큰 영향을 미치고 있습니다.

갑자기 푸코를 언급한 이유는 그가 강조한 '지식과 권력의 관계'
를 함께 생각해 볼 필요가 있기 때문입니다.

푸코는 지식과 권력이 서로 밀접하게 연관되어 있다고 보았습
니다. 이 두 개념을 분리할 수 없다고 여긴 그는 '권력-지식power-
knowledge'이라는 용어를 만들고, 권력은 지식을 만들고 그렇게 만

들어진 지식은 다시 권력관계를 유지하는 데 기여한다고 주장했습니다. 간단히 말해, 어떤 지식이 온 세상에 퍼져 일반적인 것이 될수록 이를 장악하는 주체가 점점 더 큰 영향력을 가지게 된다는 뜻이죠.

이러한 통찰은 개인이 국가 권력을 휘어잡았던 과거의 전제 정치 시대에만 해당하는 이야기가 아닙니다. 현대 사회에서도 특정 정보와 지식을 널리 퍼트리거나 봉인하는 방식은 권력 구조가 어떻게 작동하는지 보여 주는 지표가 될 수 있습니다. 예컨대 특정 정치 체제가 자신들에게 유리한 통계만 발표하고 불리한 사실을 감춘다면, 사람들은 편향된 그 정보를 진실이라 믿게 될 수도 있죠.

푸코의 통찰은 AI 시대에 더욱 중요한 의미를 가집니다. 인공지능이 생성하고 전파하는 정보는 순식간에 수많은 사람에게 영향을 미칠 수 있기 때문이죠.

이 때문에 인공지능을 윤리적으로 사용한다는 것은 '다른 사람에게 해를 끼치지 않는 것'을 기본 원칙으로 합니다. 그러니 인공지능이 만든 가짜 뉴스나 허위 정보를 퍼뜨리는 행위는 윤리적이지 않겠죠? 푸코가 경고했던 것처럼 지식과 정보가 권력으로 작용하여 사회에 부정적인 영향을 미칠 수 있으니까요.

## 표절과 차별
## 그리고 개인 정보 보호

학교나 직장에서 인공지능을 사용할 때는 더욱 세심한 주의가 필요합니다. 생성형 인공지능은 과제나 보고서 작성에 유용한 도구죠. 하지만 이를 잘못 사용하면 표절 문제가 발생할 수 있습니다.

이때 중요한 것은 '투명성'입니다. 인공지능의 도움을 받았다면 이를 명확히 밝히고 출처를 표시해야 합니다. 또한 인공지능이 제시한 내용에 자신만의 생각과 관점을 더해 재구성하는 것이 바람직합니다.

윤리적인 인공지능 활용에서 또 하나 중요한 부분은 개인 정보 보호입니다. 인공지능과 대화할 때 민감한 개인 정보나 다른 사람의 정보를 무분별하게 입력해서는 안 됩니다. 앞서 의료나 금융 정보 보호의 중요성을 이야기했었죠.

학교에서는 교사가 학생의 개인 정보가 포함된 데이터를 인공지능에 입력하거나 학생이 다른 학생의 정보를 무단으로 공유하는 행위를 피해야 합니다.

인공지능을 활용할 때는 꼭 이 점을 다시 한번 생각해 보세요. 내가 입력하는 정보가 공개되어도 괜찮은지를 말이죠.

우리는 앞에서 아마존의 인공지능 채용 도구의 편향을 알아봤습니다. 만약 여러분이 채용 담당자였다면 여성 지원자를 차별하는 인공지능의 답변을 비판적으로 바라볼 수 있었을까요? 이때 가장 중요한 것은 수차례 강조했듯 인공지능의 답변을 비판적으로 바라보는 자세입니다. 그리고 필요하다면 더 포용적인 관점에서 다시 질문을 던져 볼 수 있겠죠.

인공지능의 윤리적 사용은 기술의 오남용 예방도 포함합니다. 예를 들어 딥페이크 기술을 이용해 다른 사람의 얼굴을 도용하거나 허위 정보를 퍼뜨리는 데 인공지능을 활용하는 것은 명백한 오남용입니다. 또한, 인공지능을 이용해 시스템을 해킹하거나 악성 코드를 만드는 것도 옳지 않습니다.

최근에는 인공지능을 활용해 다른 사람의 음성을 모방해 보이스 피싱에 악용하거나 유명인의 이미지를 무단으로 도용해 상업적 이익을 취하는 사례도 발생하고 있습니다. 유명 사업가나 투자 회사 대표, 배우 등의 얼굴을 합성한 이미지를 사용해 투자를 유도하는 허위 광고가 페이스북에 게시되어 한바탕 난리가 났었죠.

특히 학생들은 시험이나 수행 평가에서 인공지능을 부정하게 활용하고 싶은 유혹을 느낄 수 있습니다. 하지만 이는 결국 나의 학습과 성장을 방해하는 일입니다. 인공지능은 우리의 학습을 돕는 보조 도구일 뿐, 스스로의 능력을 대체하는 수단이 아닙니다.

예를 들어 수학 문제를 풀 때 인공지능에게 답을 알려 달라고 하는 대신 풀이 과정을 이해하기 위한 도움만 받을 수도 있습니다. 나중에 유사한 문제를 만나면 스스로 해결할 수 있도록요. 글쓰기 과제에서도 인공지능과의 대화를 통해 아이디어를 발전시켰다면 그것을 바탕으로 나만의 관점을 담아낸 글을 직접 써 봐야 하겠죠.

## SNS와 딥페이크

오늘날 정보가 가장 빠르게 확산되는 공간은 단연 SNS입니다. 과거에는 정부나 거대 언론사가 정보를 독점했다면, 이제는 개인이 직접 SNS를 통해 온갖 자료를 올리고 퍼뜨릴 수 있게 되었습니다. 표면적으로는 모두에게 공평한 '지식의 민주화'처럼 보일 수 있지만 이 안에도 왜곡과 오해가 숨어들기 쉽습니다.

보통 SNS는 추천 알고리즘을 사용하는데, 이 알고리즘은 우리가 좋아할 만한 내용만을 선별해서 보여 줍니다. 유튜브가 내가 좋아하는 영상을 계속 추천해 주는 것도, 인스타그램이 내가 관심 있어 하는 상품의 광고를 지속해서 보여 주는 것도 모두 이 알고리즘 때문이죠.

하지만 이로 인해 우리는 자신의 관점을 확인해 주는 정보만 반복적으로 접하게 됩니다. 대표적인 예가 바로 정치 분야입니다. 특정 정치인을 지지하는 게시물에 '좋아요'를 누르면 점점 더 비슷한 성향의 콘텐츠만 피드에 뜨게 되죠. 추천 알고리즘의 작동 방식은 우리의 생각이 틀릴 수 있다는 의심조차 하지 못하게 만듭니다.

실제로 전 세계적으로 많은 나라가 알고리즘이 만들어 낸 정치적 양극화로 심각한 사회 갈등을 겪고 있습니다. 이런 문제는 딥페이크 기술이 발전하면서 더욱 심각해지고 있죠.

더욱 큰 문제는 딥페이크로 만들어진 콘텐츠가 너무나 자극적이라는 점입니다. 호기심을 자극하며 우리를 무비판적인 공유로 이끌죠. 딥페이크를 시청한 사용자들은 대부분 단순히 '재미'로 공유 버튼을 누르지만, 그 순간 거짓 정보 확산에 가담하게 됩니다.

이런 거짓 정보는 한번 퍼지면 나중에 사실이 아니라고 밝혀져도 이미 많은 사람의 머릿속에 잘못된 인상으로 자리 잡은 뒤일 때가 많습니다. '거짓말은 진실이 신발을 신는 동안 세상을 반 바퀴 돌 수 있다(A lie can travel halfway around the world while the truth is putting on its shoes)'라는 미국의 오래된 속담이 AI 시대에 더욱 실감 나는 이유입니다.

청소년들이 딥페이크에 쉽게 노출되고 있다는 점도 심각한 문제입니다. 인터넷만 뒤져도 딥페이크로 만든 영상을 쉽게 찾을 수 있습니다. 친구의 얼굴을 좋아하는 연예인의 몸에 합성하거나 장난으로 웃긴 가짜 영상을 만들어 공유하는 일도 심심찮게 일어나고 있죠.

하지만 이는 명백한 초상권 침해이며, 심각한 경우 형사 처벌까지 받을 수 있습니다. 실제로 2024년에는 친구들의 얼굴을 도용한 딥페이크 영상을 만들어 퍼뜨린 학생이 경찰 조사를 받기도 했습니다.

딥페이크로 인한 피해를 막기 위해 2024년 9월 26일, 국회에서 '딥페이크 성범죄 방지법'이 통과되었습니다. 이제는 딥페이크 성범죄물을 만드는 행위는 '퍼뜨릴 목적'이 있었는지 증명할 필요도 없이 처벌받으며, 그 영상을 보기만 해도 처벌 대상이 됩니다. 재미로 시작한 장난이 돌이킬 수 없는 범죄가 될 수 있다는 점을 명심해야 합니다.

이처럼 인공지능을 활용하는 데에는 많은 위험이 도사리고 있습니다. 이를 인식하고 예방하는 것이야말로 AI 리터러시의 핵심이죠. 단순히 인공지능을 잘 다루는 것을 넘어 윤리적 판단 능력을 갖추고, 책임감 있게 활용하는 것이 진정한 AI 리터러시의 완성이라고 할 수 있습니다.

마지막으로 기억해야 할 점은 윤리적인 인공지능 사용이 결코 불편하거나 번거로운 일이 아니라는 사실입니다. 이는 오히려 우리가 인공지능을 더욱 효과적이고 지속 가능한 방식으로 활용할 수 있게 해 주는 든든한 길잡이입니다. 푸코가 지적했듯이 지식과 정보는 막강한 권력이 될 수 있습니다. 그렇기에 우리는 더욱 신중하고 책임감 있게 인공지능을 활용해야 합니다.

## 보이지 않는 벽, '필터 버블'

앞서 우리는 에코 체임버 현상을 살펴보았습니다. AI 시대에는 이것 말고도 또 다른 위험이 있습니다. 바로 필터 버블filter bubble입니다.

2011년, 인터넷 활동가 엘리 파리저Eli Pariser가 처음 제안한 이 개념은 인공지능 알고리즘이 우리가 보는 정보를 제한하는 현상을 말합니다. 마치 보이지 않는 벽처럼 우리를 특정한 정보들로만 둘러싸는 거죠.

예를 들어 여러분이 유튜브에서 고양이 영상을 자주 본다면, 알고리즘은 계속해서 비슷한 동물 영상을 추천할 것입니다. 특정 정치인의 영상을 자주 클릭한다면 그와 비슷한 성향의 콘텐츠만 계속 보게 될 테고요.

에코 체임버와 필터 버블은 비슷해 보이지만 중요한 차이가 있습니다. 에코 체임버는 우리가 직접 찾아가는 공간입니다. 같은 취미를 가진 사람들이 모이는 온라인 커뮤니티처럼요. 하지만 필터 버블은 우리가 무엇을 클릭하고, 무엇에 '좋아요'를 누르고, 댓글을 다는지 분석한 알고리즘이 나도 모르는 사이에 자동으로 정보를 걸러 내는 것입니다.

필터 버블은 왜 위험할까요? 우선, 다양한 의견을 직접 선택하여 접할 기회가 줄어듭니다. 우리가 이미 좋아하는 것, 동의하는 것만 제한적으로 보게 되니까요. 더 심각한 문제는 이런 상황을 우리가 잘 인식하지 못한다는 것이죠.

이를 어떻게 해결해야 할까요? 중요한 것은 바로 필터 버블의 존재를 인식하는 것입니다. 내가 보는 정보가 알고리즘에 의해 걸러진 것일 수 있다는 점을 항상 기억해야 합니다. 의식적으로 다양한 정보원을 찾아보고, 내 생각과 다른 의견도 들으려 노력해야 하죠. 때로는 불편하고 귀찮을 수 있지만, 이것이 AI 시대를 현명하게 살아가는 방법이라는 점을 잊지 말아야 합니다.

# 인공지능과의
# 특별한 대화법

인공지능이 지배하는 경제에서
청년들이 주목할 것은 '공감 기술'이다.
° 크리스토퍼 피사리데스

# 할루시네이션을 피하자

## 가장 중요한 것은 바로 '소통'

지금까지 우리는 인공지능과 대화할 때 어떤 마음가짐을 가져야 하는지 살펴보았습니다. 이제 본격적으로 구체적인 대화 방법을 알아볼 텐데요. 그 전에 잊지 말아야 할 것이 있습니다. 바로 인공지능이 우리에게 완전히 새로운 대화 상대라는 사실입니다. 귀찮은 일을 대신해 주는 단순한 기계가 아니라, 우리의 말을 이해하고 응답하려고 노력하는 존재로 받아들일 준비가 되어 있어야 합니다.

돌이켜 보면 인류의 역사는 곧 소통의 역사였습니다. 동굴 벽화부터 문자의 발명 그리고 디지털 혁명에 이르기까지, 늘 '더 나은 이해'를 위한 소통의 과정을 지나왔죠. 이제 우리는 새로운 대화의 장에 서 있습니다. 바로 인공지능과 이어 나가는, 인류가 한 번도 경험해 보지 못한 형태의 소통 말이에요.

만약 친구에게 "우리 주말에 영화 보러 가자!"라고 하면 친구는 "좋아, 무슨 영화 볼까?"라고 대답할 것입니다. 하지만 "우리 주말에 뭐 할까?"라는 애매한 제안을 하면 친구는 고개를 갸웃거리며 "무슨 말이야? 영화 보자는 거야, 아니면 게임을 하자는 거야?"라고 혼란스러워 하겠죠. 이처럼 인간의 소통 과정에는 수많은 뉘앙스와 맥락이 숨어 있고, 이를 잘 파악해야만 원활한 소통이 가능합니다.

인공지능은 우리가 무엇을 원하는지, 어떤 답을 기대하는지 이해하려 노력하지만 그 능력이 아직 완벽하진 않습니다. 앞에서 이야기했듯 현재 인공지능 기술의 특성상 확률적으로 가장 알맞은 단어나 문장을 답변으로 사용하기에 때로는 부정확한 정보를 제공하기도 합니다. 그래서 질문이나 요청이 정확하고 구체적일수록 인공지능도 더 확실하고 유용한 답을 제공하죠.

## 인공지능과 대화하는 특별한 기술,
## '프롬프팅'

올바른 소통을 위해서는 대화가 잘 이뤄져야 합니다. 특히 질문과 대답이 원활하게 진행되어야 하죠. 소크라테스는 문답법을 통해 진리를 찾아갔습니다. 튜링 테스트 역시 "기계는 인간처럼 생각할 수 있는가?"라는 질문에서 시작되었습니다. 튜링이 질문을 던진 지 칠십여 년이 지난 지금, 우리는 그 질문에 대한 답을 직접 체험하고 있는 것입니다.

소크라테스의 문답법과 튜링의 질문은 결국 하나의 지향점을 가리킵니다. 바로 올바른 질문이 진실로 이끌어 간다는 점이죠. 이 오랜 지혜를 인공지능과의 대화에서 다시금 확인할 수 있습니다. 최근 '프롬프팅prompting'이라는 새로운 소통 기술이 등장하며 인공지능과의 대화를 더욱 효과적으로 만들고 있죠.

프롬프트prompt라는 단어는 라틴어 'promptus'에서 유래했습니다. 이 단어는 '준비된' '보이는 곳에 놓인'이라는 의미입니다. 연극에서 주로 사용하는 프롬프터prompter라는 단어도 여기에서 비롯되었는데요. 무대 옆에서 배우들에게 대사를 알려 주는 사람을 지칭했던 프롬프터는 현대에는 배우나 출연자 앞에서 대사를 보여 주는 기기를 의미합니다. 컴퓨터 분야에서는 컴퓨터가 사용자의 입력을 받는 창을 '명령 프롬프트command prompt'라고 부르죠.

2022년, 챗GPT가 세상에 등장하면서 프롬프트는 인공지능에게 제시하는 명령어라는 의미도 갖게 되었습니다. 프롬프팅은 프롬프트를 통해 인공지능에게 특정한 방향이나 지시를 하는 행위가 되었고요. 고대 극장의 프롬프터처럼 인공지능에게 수행해야 할 작업을 안내하는 역할을 맡게 된 것입니다.

프롬프팅을 단순히 질문을 던지는 기술이라고 생각하기 쉽습니다. 하지만 진정한 프롬프팅은 우리의 의도와 목적을 정확하게 전달하는 일종의 대화 기술입니다. 지도 없이 낯선 도시를 걷는 것과 상세한 지도를 들고 걷는 것의 차이처럼, 잘 구성된 프롬프트는 인공지능이 우리가 원하는 목적지에 정확히 도달하도록 안내합니다.

좀 더 구체적으로 말하면, 프롬프팅은 인공지능과 효과적으로 소통하기 위한 일종의 언어적 틀입니다. 우리의 요청 사항, 필요한 맥락, 원하는 결과물의 형태 그리고 특정한 제약 사항이나 조건 들을 체계적으로 담아내죠. 더 상세한 프롬프팅을 제공할수록 인공지능은 보다 의미 있는 답변을 제시할 수 있습니다. 마치 정교한 지도를 그리는 것처럼요.

이런 프롬프팅의 진정한 가치는 우리가 자신의 생각을 명확하게 정리하고 목적을 구체적으로 표현하는 과정을 통해 새로운 통찰과 깨달음을 얻는 데 있습니다. 인공지능으로부터 원하는 정보를 얻는 것을 넘어 인공지능과 함께 지적 탐구의 지평을 넓힐 수도 있죠. 이런 측면에서 프롬프팅은 AI 시대의 새로운 사고방식이자 소통 방법이라 할 수 있습니다.


## 어떤 프롬프팅 기술이 좋을까?

인공지능과의 대화 방법은 끊임없이 변화하고 있습니다. 인공지능이 발전하는 모습을 보면 마치 빠르게 진화하는 생명체를 관찰하는 것 같은데요. 매달, 매주, 매일 새로운 인공지능이 나오고, 이를 다루는 새로운 방법들이 등장하고 또 사라집니다.

챗GPT가 처음 등장했을 때만 해도 전문가들은 마치 법률 문서처럼 최대한 자세하고 구체적으로 프롬프트를 작성해야 한다고 조언했습니다. 하지만 불과 일 년 만에 상황이 달라졌습니다. LLM 모델이 빠르게 발전하면서 인공지능에게 더 이상 길게 설명할 필요가 없다는 의견이 나오기 시작했죠. 실제로 많은 사용자가 긴 프롬프트를 사용했을 때보다 짧고 간결한 프롬프트만으로 더 좋은 결과를 얻었습니다.

그렇다면 우리는 어떤 방식을 따라야 할까요? 정답은 '둘 다 맞다'입니다. 프롬프팅에서 중요한 것은 프롬프트의 길이가 아닙니다. 어떤 인공지능은 길고 자세한 설명을 요구할 수도 있고, 또 다른 인공지능은 간결한 프롬프트를 더 선호할 수도 있죠.

그래서 우리는 올바른 프롬프팅을 위한 원칙을 확고히 해야 합니다. 그다음 각 인공지능 서비스에 맞는 대화 방법을 덧붙이면 됩니다. 다음 챕터에서 본격적으로 프롬프팅 원칙과 올바른 프롬프팅에 관해 살펴보겠습니다.

# 잘 질문하는 법

## 'CHAT GPT'만 기억하세요!

챗GPT 출시 이후 다양한 인공지능 서비스를 경험하며 터득한 프롬프팅 원칙을 다음 표에 정리해 보았습니다. 이 원칙들은 시행착오와 실전 경험을 바탕으로 도출된 것입니다. 여러분이 인공지능 도구를 효과적으로 활용하는 데 도움이 될 거예요. 이해하기 쉽고 기억하기 편하도록 'CHAT GPT'의 각 알파벳에 프롬프팅 원칙을 연결했습니다.

앞으로 확인할 프롬프팅 원칙들은 그저 평범한 규칙이 아닙니다. 이는 인공지능과 소통하는 방식을 개선하며, 여러분의 사고와 표현을 더욱 정교하게 만들어 줄 거예요. 이제 이 원칙들이 실제로 어떻게 적용되는지 자세히 살펴볼까요?

| C | Clarity(명확성) | 무엇을 원하는지 명확하게 표현하기 |
|---|---|---|
| H | Help(도움 주기) | 참고할 만한 예시나 샘플 제공하기 |
| A | Aim(목표) | 프롬프트의 최종 목표·목적 명시하기 |
| T | Tasks(과제) | 복잡한 요청을 작은 단위로 나누기 |
| G | Guide(안내) | 상황과 맥락 안내하기 |
| P | Persona(역할) | 인공지능에게 특정 역할 부여하기 |
| T | Truth(진실) | 답변의 신뢰성을 확인하고 검증하기 |

**인공지능을 사용할 때 고려해야 할 프롬프팅 원칙**

### 프롬프팅 원칙① C-Clarity(명확성)

램프의 요정 지니에게 소원을 비는 상상을 한번쯤 해 본 적 있죠? 즐거운 상상이지만 소원을 빌 때 반드시 명심해야 할 점이 있습니다. 바로 소원이 명확해야 한다는 것입니다. 지니에게 "나의 소원은 세계 평화야"라고 외친다면 어떤 반응을 보일까요? 아마 무엇부터 시작해야 할지 헷갈려 할 것입니다. 이럴 때는 세계 평화를 위한 구체적인 실천 방안을 제시하는 것이 훨씬 효과적입니다.

이 원칙은 인공지능에게 제시할 프롬프트를 작성할 때도 동일합니다. 모호한 소원이 뜻하지 않은 결과를 가져오듯, 명확하지 않은 프롬프트 역시 원하지 않은 결과를 초래할 수 있습니다.

한 가지 예를 들어 보겠습니다. 배가 고픈 철수는 음식을 만들기 위해 인공지능에게 레시피를 추천받고자 합니다. 그래서 인공지능에게 "맛있는 요리 레시피 알려 줘"라는 프롬프트를 전달했습니다.

이 프롬프트는 과연 좋은 프롬프트일까요? 당연히 그렇지 않습니다. 만약 이 프롬프트를 받은 인공지능이 감정이 있다면 무척 난감했을 거예요. 한식을 추천해야 할지, 양식을 추천해야 할지, 초보자를 위한 레시피인지, 숙련된 요리사를 위한 레시피인지, 어떤 재료가 준비되어 있는지 등 많은 부분에서 혼란스러웠겠죠.

C-Clarity 원칙에 따라 철수의 프롬프트를 아래처럼 수정해 보겠습니다.

**Prompt: ___**

중학생 혼자 십오 분 이내로 완성할 수 있는 김치찌개 레시피를 알려 줘.
기본 재료는 묵은지, 돼지고기, 두부가 있고, 전자레인지만 사용할 거야.
각 단계별로 조리 시간을 꼭 포함해 줘.

어떤가요? 프롬프트가 훨씬 명확해졌죠? 이렇게 프롬프트를 작성하면 인공지능은 자신이 무엇을 해야 할지 정확히 파악할 수 있습니다.

이제 프롬프트의 명확성을 높인 요소들이 무엇인지 살펴보겠습니다. 먼저 대상을 '중학생 혼자'라고 명시했습니다. 제약 조건 역시 구체적으로 언급되어 있죠. '십오 분'이라는 시간과 '사용 가능 도구가 전자레인지만 있다'고 했으니 인공지능은 여기에 맞는 레시피를 추천할 것입니다. 주요 재료도 세세하게 알려 주었습니다. 재료를 언급하지 않으면 인공지능이 참치김치찌개를 추천할 수도 있겠죠? 냉장고에는 돼지고기만 있는데 말이죠.

또 다른 재미있는 예시를 들어 보겠습니다. 영희는 방학에 여행을 가려고 합니다. 그래서 인공지능에게 "좋은 여행지 추천해 줘"라는 프롬프트를 전달했습니다.

이 프롬프트 또한 우리가 방금 확인한 C-Clarity 원칙에 위배됩니다. 이 질문을 어떻게 수정하면 좋을까요?

먼저 '누가, 언제, 어디서, 무엇을, 어떻게, 왜'라는 육하원칙을 활용해야 합니다. 제약 조건이나 한계를 명시하는 것도 중요하죠. 앞서 레시피를 물어볼 때 가지고 있는 식재료와 도구를 언급한 것처럼 말입니다.

원하는 결과물의 형식을 지정하는 것도 도움이 됩니다. 줄글로 작성할지, 번호를 붙여서 나열하는 방식으로 작성할지를 미리 전달하면 원하는 형태로 답변을 받을 수 있습니다. 물론 "한글 기준으로 1,000자 이내로 작성해 줘"와 같이 길이도 지정할 수 있습니다. 마지막으로, 예산, 시간, 난도 등 구체적인 조건을 포함하는 것도 좋은 방법입니다.

이러한 사항들을 고려해서 여행지 추언에 대한 프롬프트를 수정해 보겠습니다.

**Prompt: ___**

3월 말에 여섯 살 아이와 함께 가기 좋은 제주도 여행지를 추천해 줘.
실내 놀이 시설이 있고, 렌터카로 삼십 분 이내에 갈 수 있는 곳으로 세 곳만 알려 줘.
각 장소별로 평균 소요 시간과 입장료도 포함해 줘.

여러분도 스스로 프롬프트를 구체화하는 연습을 해 보세요. 예시는 말 그대로 예시일 뿐, 여러분은 더 좋은 프롬프트도 충분히 만들 수 있습니다.

그리고 모호한 프롬프트와 명확한 프롬프트를 차례로 인공지능에 전달해 보면서 각각 어떤 결과가 나오는지 확인해 보고 그 차이도 직접 체험해 보시기 바랍니다.

## 프롬프팅 원칙② H-Help(도움 주기)

여러분이 친구에게 "이번 수학 시험 범위에서 뭐가 제일 중요한지 알려 줘!"라고 물었다고 가정해 봅시다. 이 질문을 받은 친구는 시험 범위가 너무 넓어서 어디서부터 설명해야 할지 막막할 것입니다.

질문의 방향을 바꿔 봅시다. 여러분이 "수학 시험 범위 중 2차 방정식 파트 설명해 줄 수 있어? 내가 푼 풀이 과정은 이 노트에 적어 놨는데, 어디가 잘못되었는지 모르겠어"라고 도움을 요청하면 어떨까요? 이제 여러분이 무엇을 모르는지 참고할 만한 자료가 있기에 친구는 여러분이 필요로 하는 정보를 효율적으로 알려 줄 수 있을 것입니다.

이처럼 도움이 될 만한 자료를 함께 제공하면 질문을 받은 사람이 질문자가 원하는 정보가 무엇인지 파악하기 쉽습니다. 이는 인공지능과의 소통에서도 중요한 원칙입니다. 인공지능에게 좋은 답변을 얻으려면 우리가 원하는 답을 구체적으로 얻을 수 있는 예시나 참고 자료를 제공해야 하죠.

예시와 참고 자료는 인공지능이 여러분의 요청을 잘 이해하도록 돕는 강력한 도구입니다. 앞서 본 C-Clarity 원칙과 지금 확인하고 있는 H-Help 원칙을 지키지 않는다면 불분명한 질문을 하게 될 것이고, 인공지능은 모호한 답변을 할 수밖에 없습니다.

예를 들어 볼까요? 영어 에세이 숙제를 혼자 하기 막막했던 철수가 인공지능에게 "환경 관련 영어 에세이를 써 줘"라고 요청했습니다. 인공지능은 철수가 원하는 수준의 에세이를 쓸 수 있을까요? 주제도, 길이도, 형식도 언급하지 않았기에 철수는 기대한 결과를 얻을 수 없을 것입니다.

만약 철수가 다음과 같이 프롬프트를 작성했다면 어떨까요?

---

**Prompt:** ___

환경 문제를 주제로 한 영어 에세이를 작성해 줘.

분량은 500자 이내로 작성해 줘.

서론, 본론, 결론 구조로 써 줘.

내가 이전에 쓴 보고서를 참고해 줘. 내용은 다음과 같아.

- 제목: Sustainable Energy for the Future

- 내용: 재활용이 폐기물 감소에 기여하는 방식, 태양광 에너지의 장점, 재생 에너지가 환경에 미치는 긍정적 영향

이 문서를 바탕으로 새로운 서론을 작성하고, 본론에서는 재활용의 중요성과 태양광 에너지의 장점을 추가로 설명해 줘.

---

무無에서 유有를 창조하는 것은 인공지능에게도 쉽지 않은 일입

니다. 인공지능은 단순히 요청만 하면 모든 것을 완벽하게 해결해 주는 동화 속 도깨비방망이가 아닙니다. 명확한 방향과 충분한 정보를 가지고 있는, 준비된 사용자에게 더욱 가치 있는 결과물을 제공하는 기계죠. 이것이 바로 AI 시대에 우리가 끊임없이 개인의 역량을 키워야 하는 이유입니다.

또 다른 상황을 상상해 봅시다. 영희도 보고서를 작성하고 있습니다. 과제는 역사 인물 중 한 명을 선택해 업적을 정리하는 것입니다. 영희는 인공지능에게 "유명한 위인의 업적에 대해 알려 줘"라는 프롬프트를 전달했습니다.

이 질문은 너무 모호하고 참고할 자료도 없어 인공지능이 난감할 수 있습니다. 어떤 인물을 선택할지, 어떤 시대와 분야를 고려해야 할지 등 많은 부분에서 혼란을 겪기 쉽죠.

이제부터 여러분이 영희가 되었다고 가정하고 H-Help 원칙에 따라 프롬프트를 수정해 봅시다. 이 원칙에서 가장 중요한 것은 인공지능에게 좋은 예시를 제공하는 것입니다. 이전에 작성했던 보고서나 에세이, 발표 자료 등을 제공하면서 "이전에 썼던 이 자료를 참고해서 보완해 줘"라고 요청하면 되겠죠. 또한, 과거에 작성했던 보고서의 문체를 학습해 이를 반영한 문서를 작성해 달라고 할 수도 있습니다.

교과서, 논문 등 특정 문헌이나 링크를 제공해 인공지능이 참고

할 수 있도록 전달하는 것도 좋습니다. 이때도 내가 원하는 답변의 논리적 흐름을 명시하거나 답변에 반드시 포함해야 할 키워드를 제시해야 한다는 점을 잊지 말아야 합니다.

두 원칙을 생각하며 영희의 프롬프트를 다음처럼 수정해 보았습니다. 이렇게 인공지능이 참고할 수 있는 구체적인 자료를 제공하면 더욱 만족스러운 결과물을 얻게 될 거예요. 이를 위해서는 우리가 사전에 충분한 공부와 준비를 해야겠죠?

---

**Prompt: ___**

조선 시대 인물인 정약용의 업적을 설명해 줘.

내가 참고한 자료는 '조선의 혁신가, 정약용'이며, 링크 주소는 아래에 있어.

여기에는 『목민심서』를 통해 지방 행정의 중요성을 강조한 점과 거중기를 발명해 건축 기술을 발전시킨 점이 언급되어 있어. 이 두 가지 업적을 중심으로 글을 작성해 줘.

띄어쓰기를 포함해서 1,000자 내외로 작성해 주고, 서론, 본론, 결론으로 구성해 줘.

결론에는 정약용의 업적에서 우리가 배울 점이 언급되어야 해.

---

## 프롬프팅 원칙③ A-Aim(목표)

한 친구가 여러분에게 "내일 발표 준비 좀 도와줘"라고 이야기한다면, 무엇을 도와줘야 할까요? 발표 자료를 만들어야 할까요? 대본을 검토해야 할까요? 아니면 발표 연습을 함께 해야 할까요? 하지만 친구가 "내일 발표할 때 쓸 발표 자료 디자인 수정을 도와줄 수 있을까? 대본은 이미 만들어 두었어"라고 요청한다면 여러분은 친구의 요구를 정확히 이해하고 효율적으로 도움을 줄 수 있겠죠.

인공지능도 마찬가지입니다. 요청의 최종 목적을 명확히 해야 인공지능이 여러분이 원하는 대로 답변할 수 있습니다. 이를 A-Aim 원칙이라고 부릅니다.

스승의 날을 맞아 선생님께 감사 인사를 전하고 싶은 상황을 생각해 봅시다. 철수는 인공지능에게 "스승의 날 감사 메시지를 써줘"라고 요청했습니다.

이 프롬프트 또한 너무 모호합니다. 어떤 내용을 강조해야 할지, 어떤 말투로 인사말을 작성해야 할지 파악할 수 없습니다. 단순히 일반적인 감사 인사만 전할 것인지, 특정 추억이나 에피소드를 언급하며 진심 어린 감사를 표현할 것인지에 따라 내용이 크게 달라질 수 있는데 말이에요.

더구나 어떤 형식으로 메시지를 전달할지도 명시되어 있지 않습니다. 손 편지인지, 이메일인지, 짧은 감사 카드인지에 따라서도 메시지의 작성 방향은 완전히 달라지죠.

세 번째 프롬프팅 원칙 A-Aim에 따라 프롬프트를 작성해 보겠습니다.

> **Prompt: __**
>
> 스승의 날을 맞아 담임 선생님께 이메일을 보내고 싶어.
>
> 이메일의 목적은 선생님께 진심으로 감사의 마음을 전하고, 기억에 남는 수업에서 배웠던 점도 함께 표현하는 거야.
>
> 이메일은 따뜻하고 진심 어린 톤으로 작성해 줘.
>
> 간단한 인사말로 시작해서 본문에 감사 메시지와 함께 짧은 에피소드도 포함해 줘.
>
> 에피소드는 직접 시범을 보여 주신 실험 덕분에 과학의 재미를 깨달았다는 내용이 좋을 것 같아.
>
> 마지막은 인사로 마무리해 줘.

여기서 가장 중요한 점은 '이메일'을 작성하고 싶다고 언급했다는 점입니다. 바로 프롬프트의 최종 목적이죠. 이렇게 양식을 먼저 말하면 철수가 원하는 느낌과 형식의 글을 얻기 쉬워집니다. 이제 철수는 선생님께 목적에 맞는 것은 물론 깔끔하고 예의 바른 이메일을 보낼 수 있겠죠?

이처럼 A-Aim 원칙을 잘 활용하기 위해서는 먼저 인공지능의 답변을 어디에 사용할 것인지가 정해져야 합니다. 이메일, 보고서, 제안서, 과제 등 결과물의 목적을 명확히 해야 하죠. 또한, 줄글로 작성할지, 표 형식으로 작성할지, 항목별 요약이 필요한지도 명시해야 합니다. 마지막으로 누구를 대상으로 하는지도 중요한 요소입니다. 대상에 따라 느낌과 형식이 달라지기 때문입니다.

### 프롬프팅 원칙④ T-Tasks(과제)

'로마는 하루아침에 이루어지지 않았다(Rome wasn't built in a day)'라는 속담을 들어 본 적 있나요? 이 속담은 모든 위대한 업적은 꾸준한 노력을 통해 이루어진다는 점을 이야기합니다. 크고 복잡한 일일수록 작은 단계로 나누어 하나씩 해결해야 성과를 얻을 수 있다는 것을 강조하고 있죠.

프롬프팅도 마찬가지입니다. 복잡한 요청을 여러 단계로 나누면 인공지능이 문제를 더 명확히 이해해서 사용자가 원하는 답변을 더 잘 제공할 수 있습니다. 이것이 바로 네 번째 프롬프팅 원칙 T-Tasks의 핵심입니다.

복잡한 요청은 인공지능에게 혼란을 줘 잘못된 결과를 초래할 수도 있습니다. 따라서 큰 문제를 인공지능으로 해결하고자 한다면 이를 여러 개의 작은 과제로 나눈 후 각 단계를 명확히 정의해야 합니다. 이때 'CoT Chain of Thought'라는 개념을 활용할 수 있습니다.

CoT는 복잡한 문제를 단계적으로 풀어 나가는 방법론입니다. 챗GPT와 같은 추론을 수행하는 인공지능들이 활용하는 방식이죠. CoT를 사용하는 인공지능은 큰 문제를 작게 나눈 후 각 단계에서 필요한 정보를 하나씩 정리하며 최종 답을 도출합니다. 대학 수학 능력 시험의 킬러 문항은 물론이고, 고난도 수학 문제도 CoT를 통해 해결할 수 있습니다.

앞에서 보았듯 우리도 이 방식을 프롬프팅에 활용할 수 있습니다. 이는 단순한 요청보다 훨씬 효과적이고 정교한 결과를 만들어 내죠.

T-Tasks 원칙을 기반으로 학술 논문을 작성해 보겠습니다. 주제는 '인공지능의 윤리적 문제'입니다. 무작정 논문을 써 달라고 요청하기에는 너무 막막하죠? 지금부터 이 과제를 여러 단계로 나눠 봅시다.

먼저 논문의 전체적인 구조를 잡아야 합니다. 서론, 본론, 결론이라는 기본 뼈대를 세우고 각 부분에서 다룰 내용을 구체적으로 지정해야 하죠. 서론에는 배경 설명이 필요할 테고, 본론에서는 핵심 주제들을 다뤄야 합니다. 결론에서 해결책까지 제시하면 더 좋겠죠.

다음으로는 각 부분에서 다룰 구체적인 소주제를 정해야 합니다. 인공지능의 윤리적 문제는 그 범위가 매우 넓기 때문에 그중 가장 중요하고 시의성 있는 주제를 골라야 합니다. 우리가 앞에서 살펴봤던 사생활 침해와 알고리즘 편향 문제를 중심으로 다루면 어떨까요? 최근 실제 사례도 많으니 풍부한 논의가 이뤄질 거예요.

이를 바탕으로 프롬프트를 작성해 볼까요?

---

**Prompt: __**

인공지능의 윤리적 문제를 다루는 논문 목차를 만들어 줘.

서론, 본론, 결론으로 구성하고, 주요 소주제를 포함해 줘.

서론에서는 인공지능 발전의 역사와 윤리적 문제가 등장하게 된 배경을 간략히 설명해 줘.

본론의 첫 번째 소주제는 사생활 침해 문제야. 관련이 있는 최신 사례를 포함해 줘.

두 번째 소주제는 인공지능 편향 문제야. 대표적인 사례와 그 원인을 설명해 줘.

결론에서는 이런 문제들을 해결하기 위한 의견 세 가지를 간략히 정리해 줘.

---

앞으로 긴 글을 쓰거나 복잡한 문제를 해결할 때는 T-Tasks 원

칙에 따라 칙프롬프트를 작성해 보세요. 큰 문제를 작은 과제들로 나누고, 각 과제의 세부적인 요구 사항을 구체적으로 분명하게 요청하는 습관을 들인다면 인공지능과 훨씬 더 효율적으로 협업할 수 있을 거예요.

### 프롬프팅 원칙⑤ G-Guide(안내)

우리가 먼 길을 떠난다면 무엇을 꼭 가져가야 할까요? 옷과 간식도 챙겨야 하고, 생필품도 빼놓을 수 없습니다. 하지만 가장 중요한 것은 지도입니다. 요즘에는 스마트폰만 챙기면 모든 것이 해결되지만, 지도 애플리케이션은 반드시 설치되어 있어야겠죠? 정확한 지도만 있다면 처음 가 보는 복잡한 길에서도 목적지를 확실히 찾을 수 있습니다.

프롬프팅에서 이러한 방향성을 제시하는 것이 바로 G-Guide 원칙입니다. 프롬프트에 상황과 맥락을 구체적으로 안내하면 인공지능은 문제를 더 잘 이해하고 효과적인 답안을 제시해 줍니다.

하지만 챗GPT는 인간처럼 모든 상황을 본능적으로 이해하진 못합니다. 학습된 데이터를 바탕으로 답을 도출하니까요. 그래서 인공지능에게 맥락을 제대로 알려 주지 않으면 엉뚱한 답변이 돌아올 가능성이 커집니다. "아니, 이런 것도 모른다고?"라고 할 정도의 답변을 내놓을 수도 있죠.

이렇게 중요한 G-Guide 원칙에 따라 책 추천을 받기 위한 프롬프팅을 해 보겠습니다.

> **Prompt: ___**
>
> 이십 대 직장인이 읽기 좋은 자기 계발서를 추천해 줘.
> 실용적인 조언을 담고 있고, 하루에 삼십 분 정도씩 일주일 동안
> 읽을 수 있는 분량이면 좋겠어.

이 원칙을 효과적으로 활용하기 위해서는 먼저 현재 상황을 최대한 구체적으로 명시해야 합니다. 예를 들어 영어 공부를 위한 프롬프팅을 할 때 단순히 영어 능력 향상이 필요하다고 하기보다 6개월 후 유학을 앞두고 있다는 구체적인 상황을 함께 전달하면 더욱 적절한 도움을 받을 수 있습니다.

요청이 이루어지는 맥락 또한 상세히 설명하는 것이 좋습니다. 그저 기획서 작성이 필요하다고 하는 것보다 학교 수행 평가를 위한 기획서라는 구체적인 배경을 제시하면 더욱 적절한 답변을 받을 수 있습니다. 여기에 최종적으로 달성하고자 하는 목표를 분명히 하고, 시간이나 형식 등의 제약 조건도 함께 제시하는 것이 바람직합니다.

이에 더해 앞서 알아본 원칙들을 함께 사용해 보는 것도 좋은 방법입니다. 원칙들을 종합적으로 적용한다면 보다 정확하고 유용한 안내를 받을 수 있겠죠?

### 프롬프팅 원칙⑥ P-Persona(역할)

고대 그리스에서는 배우가 '페르소나<sup>persona</sup>'라는 가면을 쓰고 연기를 했습니다. 여기서 페르소나는 단순한 가면이 아니라 배우가 맡은 역할과 정체성을 상징했습니다.

인공지능과 대화할 때도 페르소나를 활용할 수 있습니다. 인공지능에게 가면을 씌우고 역할을 부여하는 것이죠. 바로 이것이 P-Persona 원칙의 핵심입니다.

왜 이 원칙이 필요할까요? 우리는 학교에서 선생님과 친구에게 질문할 때 같은 방식으로 말하지 않습니다. 선생님께는 "이 문제는 어떻게 풀어야 하나요?"라고 묻겠지만, 친구에게는 "이거 같이 풀어 볼래?"라고 묻겠죠. 상대의 역할에 따라 우리가 사용하는 질문 방식도 달라지고 기대하는 답변도 달라집니다.

인공지능도 마찬가지입니다. 다짜고짜 도와달라고 요청하면 인공지능은 질문의 맥락을 제대로 이해하지 못할 가능성이 큽니다. 하지만 '데이터 분석 전문가'라는 역할을 주고 데이터 분석을 요청하면 어떨까요? 데이터 분석 전문가에 빙의해 훨씬 더 맥락에 맞는 답을 제시할 거예요. 페르소나를 부여할 때는 이처럼 원하는 결과에 따라 구체적인 역할과 상황을 명시하면 됩니다.

가장 쉽게 할 수 있는 페르소나 설정 방법은 여러분이 학생 입장이 되어 인공지능에게 멘토 역할을 부여하는 것입니다. "당신은 영어 선생님입니다. 제가 쓴 에세이를 교정해 주세요"와 같이 말입니다. 이렇게 학습 목적으로 인공지능을 활용할 때 인공지능에게 선생님이라는 역할을 부여하면 인공지능은 자상하게 지식을 전달해 줄 것입니다.

이번에는 인공지능에게 판타지 소설을 작성하도록 요청한다고 생각해 봅시다. 그저 중세를 배경으로 한 판타지 소설을 써 달라고 하기보다 "당신은 중세 시대 이야기꾼입니다. 이를 기반으로 흥미진진한 판타지 이야기를 써 주세요"라고 요청하면 훨씬 생생한 이야기가 탄생할 수 있겠죠?

P-Persona 원칙은 답변의 품질을 개선하는 데 그치지 않습니다. 이 원칙을 적용하면 프롬프트를 작성하는 과정에서 스스로 질문을 더 명확히 정리할 수 있습니다. 인공지능에게 역할을 부여해 질문하는 과정을 통해 우리가 정확히 무엇을 얻고 싶은지 더 잘 이해하게 되는 것이죠.

또한 같은 주제라도 서로 다른 페르소나를 적용하면 다양한 관점을 얻을 수 있습니다. 대항해 시대라는 역사적 배경을 두고 '역사

학자'와 '경제학자'라는 서로 다른 역할로 답변을 요청하면 각기 다른 시각의 답변이 나오겠죠. 이를 통해 문제를 다각도로 바라보는 연습도 해 볼 수 있습니다.

그럼 함께 프롬프트 작성 연습을 해 봅시다. 인공지능에게 페르소나를 부여한 후 '인공지능 기술이 환경 문제에 미치는 영향'이라는 주제로 글을 작성해 달라고 요청했습니다.

**Prompt: __**

너는 환경 기술 전문가야.

인공지능 기술이 환경에 미치는 긍정적인 영향과 부정적인 영향을 구체적으로 설명해 줘.

발표 자료에 적합하도록 두세 개의 사례를 포함해 줘.

그리고 인공지능 기술 전문가의 관점에서 위의 내용을 다시 한 번 정리해 줘.

이 프롬프트는 인공지능에게 구체적인 맥락과 역할을 제시했으므로 이전보다 훨씬 더 만족스러운 답변을 끌어낼 수 있습니다. 여러 역할을 부여한 덕분에 다양한 관점에서 답변을 받을 수도 있죠.

여러분도 인공지능과 대화할 때 P-Persona 원칙을 적극 활용해 보세요. 앞서 배운 다른 원칙들을 같이 적용하는 것도 잊지 말고요.

### 프롬프팅 원칙⑦ T-Truth(진실)

인공지능이 주는 답변은 놀라울 정도로 유용합니다. 하지만 여러분도 잘 알고 있듯이 항상 정확한 것은 아닙니다. 그래서 T-Truth 원칙은 인공지능의 답변을 무조건 신뢰하지 않고, 이를 비판적으로 검토하는 자세를 강조합니다.

예를 들어 "세계 최초로 비행기를 만든 사람은 누구인가요?"와 같은 간단한 질문에는 대부분의 인공지능이 정확한 답을 줄 겁니다. 하지만 논란이 있거나 최신 정보를 물어보면 답변에 오류가 섞일 수 있습니다. 이러한 오류의 늪에 빠지지 않기 위해서 인공지능의 답변을 하나의 참고 자료로만 받아들이고, 다른 신뢰할 수 있는 정보와 꼭 비교해야 하는 것이죠.

T-Truth 원칙을 실천하는 핵심은 '팩트 체크'입니다. 이와 관련한 내용은 앞 장에서 살펴봤었죠. 비판적 사고와 AI 리터러시를 이 원칙에 잘 녹여 낸다면 인공지능이 제공하는 정보를 더욱 현명하게 활용할 수 있을 것입니다.

# 인공지능을 먼저 학습시키기

## 맞춤형 대화가 가능한 인공지능

지금까지 우리는 프롬프팅의 원칙에 대해 살펴봤습니다. 프롬프팅은 대화창에 입력된 내용을 인공지능이 즉석에서 해석하고, 그에 따라 답변을 제공하는 방식으로 이뤄집니다. 그런데 최근의 생성형 인공지능은 여기서 한 걸음 더 나아가 사용자가 원하는 방식으로 '미리' 학습시킬 수도 있습니다. 말 그대로 맞춤형 동작이 가능한 것이죠. 이를 활용하면 더욱 효율적이고 창의적인 방식으로 대화를 이어 갈 수 있습니다.

먼저 대화 스타일과 선호도를 조정할 수 있습니다. 이를 통해 사용자는 점점 더 자신의 필요에 맞는 대화를 할 수 있습니다. 불필요한 대화가 줄어들면 자연스레 효율성이 높아지겠죠. 예를 들어 여러분이 인공지능과 대화할 때 학생이라는 점과 나이를 알려 주면, 인공지능은 이를 반영하여 여러분에게 적절한 수준과 맥락의 답변을 제공합니다. 논문을 자주 작성하는 사용자라면 학술적인 표현을 사용해 달라고 요청해 간결하고 전문적인 어조로 정보를 전달받을 수 있습니다.

인공지능의 말투 역시 조정할 수 있습니다. 생성형 인공지능은 문어체와 구어체를 모두 구사할 수 있기 때문이죠. 사용자가 공손한 문체를 원할 경우 인공지능은 정중하고 격식을 갖춘 대화를 진행합니다. 편안한 말투를 선호하는 경우에는 친근하고 자유로운 대화가 가능하죠. 이때 인공지능에게 특정 역할을 부여하면 영화 〈그녀〉(2014)처럼 인공지능과 연인같이 대화를 나누는 것도 가능하죠.

다양한 상황 설정도 할 수 있습니다. 조선 시대 선비처럼 말해 달라고 요청하면 인공지능은 "진실로 그대의 견해가 훌륭하니, 함께 학문을 논하며 이치를 탐구해 보세" 등 예스러운 말투를 쓸 것입니다. 이러한 기능은 인공지능과 창의적이고 감정적인 교감까지 가능하게 합니다. 실제로 이런 특성을 활용한 AI 아바타 서비스가 큰 인기를 얻고 있죠.

하지만 그럼에도 개인 정보 보호에는 꾸준히 주의를 기울여야 합니다. 앞서 이야기한 것과 같이 사생활 침해 문제가 발생할 수 있으니까요. 이러한 점들을 잘 인지하고 기꺼이 사용한다면 생성형 인공지능은 나만의 특별한 대화 상대가 되어 줄 것입니다.


## 나만의 GPT를 만드는 시대

챗GPT는 계속해서 진화하고 있습니다. 텍스트 기반의 대화를 넘어 이미지와 PDF 파일, URL 링크까지 주고받을 수 있게 되었죠. 보다 다채로운 소통이 가능해진 것입니다. 최근에는 여기에서 더 나아가 사용자의 특정 요구와 목적에 맞게 최적화된 '맞춤형 버전'으로 발전하고 있습니다.

'GPTs'라는 이름으로도 알려진 이 맞춤형 버전은 2023년 말부터 본격적으로 서비스를 개시했습니다. 덕분에 사용자는 자신의 필요에 따라 특정 작업에 최적화된 GPT를 직접 만들고 활용할 수 있게 되었죠.

GPTs를 활용하는 대표적인 방법은 공개된 버전을 이용하는 것입니다. 앱 스토어에서 필요한 애플리케이션을 골라 설치하듯이, 맞춤형 GPT 생태계에서도 목적에 맞는 GPTs를 선택해 활용할 수 있습니다.

업로드한 PDF 파일의 내용을 요약할 수 있는 GPTs는 이제 학생과 연구자 들의 필수 도구가 되었습니다. 유튜브 영상을 요약하고 스크립트를 분석해 주는 GPTs는 콘텐츠 소비의 효율성을 크게

## Trending
Most popular GPTs by our community

| | | |
|---|---|---|
| 1 |  **image generator**<br>A GPT specialized in generating and refining images with a mix of professional and friendly tone.image...<br>작성자: NAIF J ALOTAIBI | 2  **Write For Me**<br>Write tailored, engaging content with a focus on quality, relevance and precise word count.<br>작성자: puzzle.today |
| 3 |  **Scholar GPT**<br>Enhance research with 200M+ resources and built-in critical reading skills. Access Google Scholar, PubMed, bioRxiv, arXiv...<br>작성자: awesomegpts.ai | 4  **Logo Creator**<br>Use me to generate professional logo designs and app icons!<br>작성자: community builder |
| 5 |  **Consensus**<br>Ask the research, chat directly with the world's scientific literature. Search references, get simple explanations,...<br>작성자: consensus.app | 6  **image generator pro**<br>🦅 The worlds most powerful image generator. 🦅<br>작성자: pulsr.co.uk |
| 7 |  **Video GPT by VEED**<br>AI video maker powered by VideoGPT. Generate and edit videos with text prompts. Type a description, set your...<br>작성자: veed.io | 8  **챗GPT**<br>한국 문화에 적합한 말하기 스타일을 사용하여 사용자에게 응답합니다.<br>작성자: gptonline.ai |
| 9 |  **Python**<br>A highly sophisticated GPT tailored for Python, optimized for both /canvas and /notebook. See the new /commands.<br>작성자: Nicholas Barker | 10  **SciSpace**<br>Do hours worth of research in minutes. Instantly access 287M+ papers, analyze papers at lightning speed, and...<br>작성자: scispace.com |
| 11 |  **Website Generator**<br>🌐 Create a website in seconds! 🌐 Generate, design, write code, and write copy for your website. Powered by B12....<br>작성자: websitegenerator.b12.io | 12  **Presentation & Diagram Generator by <ShowMe>**<br>Supports: Flowchart, UML, Mindmap, Gantt Chart, ERD, Process Flow, DFD, Org Chart, Venn, Pie, Bar, Wireframe,...<br>작성자: helpful.dev |

가장 인기 있는 GPTs

높이고 있죠. 논문 작성이나 코딩 지원을 위한 GPTs도 널리 활용되고 있으며, 그 외에도 일정 관리부터 세부적인 정보 정리까지 다양한 맞춤형 기능을 제공하는 GPTs가 속속 등장하고 있습니다. 이처럼 특정 기능에 최적화된 GPTs는 사용자의 구체적인 필요를 충족시키는 데 주력합니다.

앱 스토어가 모바일 시대의 서막을 열었듯, 맞춤형 GPT 스토어는 진정한 AI 시대의 시작점이 될 수 있습니다. 이미 여러 GPTs가 사용자들로부터 높은 평가를 받고 있습니다. 각 분야의 새로운 표준으로 자리 잡는 현상도 나타나고 있죠. 맞춤형 GPT 생태계의 발전은 인공지능의 활용이 사용자의 목적과 일상에 긴밀하게 연결된 방향으로 진화하고 있음을 보여 줍니다.

GPT 생태계의 진화는 여기서 그치지 않습니다. 이제는 개인이 자신만의 맞춤형 GPT를 만들어 활용할 수 있습니다. 기존에 공개된 GPT들이 개개인의 필요를 완벽하게 충족시키지 못했기 때문에, 자신에게 꼭 맞는 GPT를 만들고자 하는 사람들이 늘어나고 있습니다. 이들은 맞춤형 GPT를 생성하여 개인적으로 활용하거나 지인들과 공유하고, 더 나아가 대중에게도 공개합니다.

'나만의' GPT를 넘어 '우리만의' GPT를 만들 수도 있습니다. 영단어 외우기를 예로 들어 보겠습니다.

영어 공부에서 가장 힘든 부분이 바로 단어 암기일 텐데요. 혼자 좋아요! 철수와 영희의 단어 게임을 시작하겠습니다. 체력은 각각 100으로 설정됩니다.

철수와 영희가 번갈아 가며 문제를 풀게 되며, 정답을 맞히면 상대방 체력이 10점 깎이고, 틀리면 자신의 체력이 10점 깎입니다. 첫 번째 문제를 준비하겠습니다. 잠시만 기다려 주세요.

게임이 준비되었습니다! 현재 철수와 영희의 체력은 다음과 같습니다:

* 철수: ♥♥♥♥♥♥♥♥♥♥ (100)

* 영희: ♥♥♥♥♥♥♥♥♥♥ (100)

철수의 차례입니다. 다음 문제를 풀어주세요.

---

문제:
다음 단어의 뜻은 무엇일까요? **"approve"**

1. 송이

2. 시인하다

3. 역

4. 투자하다

정답 번호를 선택해주세요! [>-]

오답입니다! 😵 "approve"의 뜻은 **"시인하다"** 입니다.

철수의 체력이 10점 감소합니다.

현재 체력 상태:

* 철수: ♥♥♥♥♥♥♥♥♥ (90)

* 영희: ♥♥♥♥♥♥♥♥♥♥ (100)

이제 **영희**의 차례입니다! 잠시만 기다려 주세요, 문제를 준비하겠습니다.

**영희**의 차례입니다! 다음 문제를 풀어주세요.

직접 만들어 본 영어 단어 퀴즈 게임 GPTs

서 영어 단어장을 외우는 것은 참 지루하죠. 하지만 친구와 함께 영단어를 게임처럼 공부한다면 재미도 있고 학습 효율도 높일 수 있습니다.

먼저 GPT에 학습할 단어 목록을 업로드하고, 퀴즈 형식으로 단어를 공부할 수 있도록 설정하면 됩니다. 여기에 단어를 맞힐 때마다 상대방의 체력이 떨어지는 대전 방식을 적용한다면 영단어 외우기가 지루한 공부가 아닌 즐거운 놀이가 될 수도 있겠죠?

스토어에 공개된 GPTs부터 사용자가 직접 설계하는 나만의 GPT까지, 맞춤형 GPT는 창의적이고 효율적인 작업을 지원하며 인공지능 활용의 새로운 지평을 열고 있습니다. 이제 AI 에이전트 시대가 바로 코앞에 와 있는 것 같네요.

인공지능을 사용할 때 여러 가지 주제를 다루다 보면 정보가 뒤섞여 작업의 목적이나 맥락을 유지하기 어려워집니다. 이 문제를 해결하기 위해 최신 인공지능 서비스 모델들은 사용자의 작업을 프로젝트 단위로 저장하고 관리할 수 있는 기능을 제공하기 시작했습니다. 프로젝트를 주제별로 나눠 이전 대화의 흐름을 잃지 않고 더욱 효율적으로 인공지능을 활용할 수 있게 된 것이죠.

프로젝트 기능의 장점은 사용자의 지침이 계속 유지된다는 것입니다. 팀 프로젝트를 수행할 때 기본 지침을 시스템에 저장해 두면, 이후에 이어질 대화에서도 동일한 맥락이 자동으로 유지됩니다.

여러분이 플라스틱 폐기물 감소 방안을 찾는 프로젝트의 팀원이라고 생각해 봅시다. 팀원들이 매주 추가하는 자료를 업데이트하고 핵심 아이디어를 요약하는 작업 지침을 프로젝트 기능을 활용해 미리 저장해 두면,

매번 같은 요청을 반복할 필요가 없습니다. 프로젝트 기능을 쓰지 않는다면 자료를 업로드한 후 핵심 아이디어를 요약해 달라는 요청을 매번 해야겠죠.

프로젝트 기능에서 제공하는 파일 업로드는 더욱 효율적으로 업무를 진행할 수 있도록 도와줍니다. 팀 과제 자료나 연구 논문 초안을 PDF 또는 워드 파일로 업로드하면, 인공지능은 파일 내용을 분석해 주요 정보를 요약하거나 후속 작업을 제안해 줍니다. 업로드한 기존 논문 파일의 스타일을 유지하며 이후 작업을 진행할 수도 있죠. 이러한 기능은 학업과 업무 영역에서 데이터를 체계적으로 관리하고 활용하는 데 큰 도움이 됩니다.

연관된 주제의 대화를 통합적으로 관리할 수 있다는 점도 이 기능의 강점입니다. 프로젝트와 관련한 모든 대화와 자료가 하나의 프로젝트 안에 체계적으로 정리돼 있는 것이죠. 이를 통해 작업의 연속성을 유지하고 프로젝트 전반의 진행 상황을 효과적으로 파악할 수 있습니다.

**6**

# 인공지능과 함께
# 살아갈 우리들

인공지능의 위험 중 하나는
비판적이고 독창적으로 사고하는 능력을
잃을 수도 있다는 점이다.
° 이선 몰릭

# 앞으로 어떤 능력이 중요해질까?

## 사람과의 의사소통,
## 인공지능과의 의사소통

여러분은 할아버지나 할머니에게 스마트폰이나 태블릿 피시의 사용법을 알려 드린 경험이 있나요?

"할머니, 여기 있는 초록색 전화기 모양 버튼을 누르면 통화가 시작되고, 빨간색 버튼을 누르면 끊어져요."

손녀가 할머니께 새로 구입한 스마트폰 사용법을 설명하고 있다고 생각해 봅시다. 할머니는 수십 년간 사용해 온 전화기는 익숙하지만, 터치스크린은 영 낯섭니다. 할머니가 화면을 어색하게 터치하다 실수로 전화를 끊고 당황해하면 손녀는 더욱 쉬운 말로 설명하겠죠.

"할머니가 예전에 쓰시던 전화기처럼 생각하시면 돼요. 대신 버튼을 누르는 대신 화면을 살짝 터치하시는 거예요. 창호지를 살살 건드리듯이요."

이 손녀는 할머니에게 '디지털 기기의 언어'와 '아날로그 세대의 언어' 사이에서 통역사 역할을 하고 있습니다. 이처럼 새로운 기술을 이해하는 방식과 기존의 경험을 연결 짓는 방식은 종종 다릅니다. 이 틈을 이해하고 메우는 능력이 미래 사회에서 매우 중요한 힘이 될 것입니다.

특히 AI 시대에 접어들면서 의사소통 능력은 더 중요한 가치를 갖게 되었습니다. 우리는 이제 사람과 대화를 잘하는 것도 중요하지만, 인공지능이라는 기계와 어떻게 잘 협업할 수 있느냐도 고민해야 하기 때문입니다. 앞서 살펴본 것처럼 질문의 구체성에 따라 인공지능의 답변 수준이 크게 달라지니까요. 또 하나 명심해야 할 점은 인공지능과의 대화가 한번에 끝나는 경우가 드물다는 것입니다. 결국 내가 얻고 싶은 정보를 자세하게 설명하고, 돌아온 답변에서 이해가 안 되는 부분을 다시 묻는 과정을 거쳐야 합니다.

이런 대화 방식 자체가 하나의 기술이자 의사소통 능력입니다. 외국어 공부와 마찬가지로 인공지능과 대화하는 법 역시 하나의 언어를 새로 배우는 것과 같죠.

**가장 중요한 것은 의사소통 능력**

특히 미래 세대인 여러분은 앞으로 인공지능을 활용해야 할 상황이 더욱 많아질 것입니다. 물론 친구들과의 소통 역시 여전히 중요합니다. 인공지능의 결과물을 비판적으로 검토할 때도 친구들과의 소통이 필수이기 때문입니다. 결국 AI 시대에는 사람과 사람, 사람과 인공지능 사이의 입체적인 소통이 필요한 것이죠.

지금까지 우리는 인공지능과 대화하는 법을 자세히 살펴봤습니다. 그렇다면 AI 시대에 사람과 소통할 때 가장 중요하게 생각해야 할 부분은 무엇일까요? 바로 감정입니다. 인공지능이 아무리 사람처럼 대화를 할 수 있다고 해도 인공지능과 진정한 의미의 감정 교류는 불가능합니다. 우리가 슬플 때 친구가 건네는 따뜻한 위로의 말 한마디는 가장 뛰어난 인공지능도 완벽히 대체할 수 없죠.

이런 맥락에서 보면 친구들에게 별명을 지어 주고, 함께 농담을 주고받고, 서로의 관심사에 대해 이야기를 나누는 것은 단순한 잡담이 아닙니다. 인공지능이 쉽게 따라 할 수 없는 일종의 스토리텔링 능력을 키우는 소중한 훈련이죠.

세상에서 제일 똑똑한 인공지능도 쉽게 배울 수 없는 '감정'과 '관계' 그리고 '추억'을 우리는 친구와의 소통을 통해 자연스레 얻을 수 있습니다. 이런 경험은 인공지능과 대화할 때도 중요한 밑거름이 될 거예요. 진정한 공감과 이해가 무엇인지 아는 사람만이 인공지능의 한계도 정확히 파악할 수 있기 때문입니다.

결국, AI 시대에도 의사소통의 중심은 사람입니다. 효율적인 기계와 협업하면서도 다른 사람을 대할 때 필요한 진심 어린 말과 태도를 잊어서는 안 됩니다. '사람답게 대화하는 힘'이야말로 AI 시대에 필요한 능력이죠. 그렇다면 상대방의 눈을 보며 대화하는 습관부터 갖춰 보는 것은 어떨까요? 그것이 곧 여러분이 AI 시대를 현명하게 살아가기 위한 첫걸음이 될 것입니다.


## AI 시대, 더 중요해지는 문해력

역설적이게도 인공지능이 발전할수록 문해력이 더욱 중요해지고 있습니다. 왜 그럴까요? 인공지능이 텍스트를 요약하고 핵심을

짚어 내는 데 탁월한 능력을 가지고 있어도, 미묘한 깨달음이나 감정의 변화는 오직 우리의 몫이기 때문입니다.

인공지능은 텍스트를 분석할 수는 있지만 해석하지는 못합니다. 이처럼 인공지능과 인간의 '읽기'에는 본질적인 차이가 있습니다. 문학의 거장 윌리엄 셰익스피어William Shakespeare의 대표작 중 하나인 『햄릿』의 줄거리를 요약하거나 주인공 햄릿의 행동을 단편적으로 해석하는 것은 인공지능에게 아주 쉬운 일입니다. 하지만 햄릿의 "사느냐 죽느냐, 그것이 문제로다(To be, or not to be)"라는 고뇌가 현대를 살아가는 우리에게 어떤 의미인지, 복수와 광기를 다룬 이 비극이 오늘날 어떤 시사점을 주는지는 오직 인간만이 진정으로 이해할 수 있습니다.

문제는 우리의 독서력이 점점 더 낮아지고 있다는 점입니다. 스마트폰으로 뉴스 제목만 훑어보거나 SNS의 쇼트 폼에 빠르게 익숙해지고 있죠. 영화와 책도 유튜브 요약본을 통해 보는 현실입니다. 심지어 이마저도 길다고 인공지능에게 요약해 달라고 하기도 합니다.

오늘날의 기술은 방대한 정보를 순식간에 요약해 주지만, 그만큼 우리는 글을 차분히 읽고 사유할 기회를 잃어 가고 있습니다. 진정한 통찰은 시간을 들여 천천히 곱씹는 과정에서 나오는데 말이죠. 고대 로마의 철학자 세네카Seneca는 좋은 책을 정독하는 것이 많은 책 한 권을 읽는 것보다 더 유익하다고 했습니다. 2000년이 지난 지금, 이 말은 더욱 우리에게 와닿는 진리가 되었습니다.

글을 읽는다는 것은 단순히 정보를 받아들이는 데 그치는 것이 아닙니다. 독자가 자신의 경험과 맥락을 바탕으로 새로운 의미를 만들어 내는 창조적 행위죠. 인공지능은 수많은 텍스트를 읽고 학습해도 인간처럼 그 안에서 의미를 만들지는 못합니다. 또한 인공지능은 끊임없이 새로운 데이터를 쌓아 가지만, 인간은 때로 단 한 권의 책, 한 줄의 문장으로도 인생이 바뀌는 경험을 합니다. 여러분도 그런 경험이 있지 않나요?

지금 시대에 독서가 중요한 또 하나의 이유는 알고리즘 때문입니다. 앞서 우리는 에코 체임버 현상에 대해 살펴봤습니다. 마치 동굴에 갇힌 것처럼 점점 더 제한된 정보만 접하게 되는 것이었죠. 반면 깊이 있는 독서는 우리를 전혀 다른 세계로 이끕니다. 때로는 잘못 읽었다고 느꼈던 부분에서 완전히 새로운 아이디어를 떠올리기도 하고, 서로 다른 관점의 해석을 나누며 더 깊은 의미를 발견하기도 합니다.

문해력은 텍스트를 지혜로 승화시키는 인간만의 연금술과도 같습니다. 인공지능이 발달할수록 오히려 이런 깊이 있는 읽기 능력이 더욱 소중해질 것입니다. AI 시대를 살아가는 데 있어 인공지능을 활용하는 연습도 중요하지만, 책 속의 문장과 씨름해 보고 그 속에 담긴 의미를 곱씹어 보는 것도 중요하다는 사실을 잊지 마세요.


## 결국 중요한 건 나의 실력

2023년 10월, 켈빈 킵툼<sup>Kelvin Kiptum</sup>

이라는 케냐의 마라토너가 미국의 시
카고 마라톤 경기에서 두 시간 삼십오
초라는 어마어마한 기록을 세웠습니다.
인류 역사상 처음으로 공식 대회에서
두 시간의 벽에 가장 가깝게 다가간 순
간이었죠. 하지만 2024년 2월, 안타깝

**두 시간의 벽에 다가간 켈빈 킵툼**

게도 그는 훈련을 마치고 돌아오던 중 교통사고로 세상을 떠났습
니다.

킵툼의 안타까운 사연만큼이나 그가 신었던 신발에도 세계의
이목이 집중됐습니다. 에너지 효율을 높여 주는 첨단 운동화 '슈퍼
슈즈<sup>Supershoes</sup>'의 영향력은 마라톤을 넘어 다양한 육상 분야로 퍼
져 나갔습니다.

2020년 이후 슈퍼 슈즈를 착용한 선수들은 모든 도로와 트랙에
서 세계 기록을 갈아 치웠습니다. 현대 육상 역사상 유례없는 일이

었죠. 이제는 주객이 전도되어 어떤 선수가 경기에 참여했는지보다 그가 어떤 신발을 신었는지가 더 큰 화제가 됩니다.

이는 마치 AI 시대의 한 단면을 보는 것 같습니다. 인공지능의 성능이 기하급수적으로 발전하면서 우리는 종종 사용자가 어떤 인공지능을 사용했는지에만 주목하곤 합니다.

하지만 그것을 활용하는 사람의 능력이 뒷받침되지 않는다면 아무리 뛰어난 인공지능이라도 큰 도움이 되지 않습니다. 앞서 강조했듯이 인공지능은 우리가 가진 능력을 증폭시켜 줄 '도구'라는 것을 잊으면 안 됩니다.

생성형 인공지능의 등장으로 가장 큰 변화를 맞이한 분야를 꼽자면 단연 코딩입니다. 지금 이 순간에도 저를 비롯해 수많은 프로그래머가 생성형 인공지능과 협업하며 코드를 작성하고 있죠. 그런데 한 가지 의문이 듭니다. 엄청나게 뛰어난 성능을 자랑하는 코딩 인공지능은 코드가 어떻게 돌아가는지 이해하지 못하는 사람에게도 과연 도움이 될까요?

0에 아무리 큰 수를 곱해도 결과는 0입니다. 하지만 1에 어떤 수를 곱하면 그만큼 커지고, 10에 곱하면 더욱 큰 결과를 얻을 수 있죠. 인공지능은 우리가 가진 능력에 곱해지는 수와 같습니다. 즉, 내가 가진 기초 역량이 뛰어날수록 인공지능을 활용했을 때의 효과가 어마어마해지는 것입니다.

인공지능은 결코 사용자가 던지는 질문의 수준을 뛰어넘을 수 없습니다. 단 한 개의 질문을 하더라도 자신의 역량을 쏟아부어 끝까지 파고드는 호기심이 없다면, 인공지능이 제시하는 답변은 다람쥐 쳇바퀴처럼 제자리에 머물 뿐입니다.

이런 현상은 새로운 것이 아닙니다. 역사가 반복되듯 인류에게 혁신적인 도구가 등장할 때마다 비슷한 일이 벌어져 왔죠. 뛰어난 달리기 실력을 가진 사람은 신발이 발명되기 전에도 다른 사람보다 잘 달렸을 거예요. 자동차가 등장했을 때도 말을 잘 다루던 사람들이 더 빨리 운전을 배웠을 것입니다. 컴퓨터가 보급되었을 때도 마찬가지였죠. 논리적 사고에 익숙한 사람들이 컴퓨터에 더 쉽게 적응했습니다.

이제 우리는 인공지능으로 인한 격차가 생길 수 있다는 점을 인식해야 합니다. 인공지능은 모든 것을 평등하게 만들지 않습니다. 오히려 그 반대일 수도 있습니다. 기본적인 역량을 갖춘 사람은 인공지능을 만나 폭발적으로 성장할 것이고, 그렇지 못한 사람은 더욱 뒤처질 가능성이 높습니다. 편리함이 극대화될수록 격차는 더 벌어질 수 있다는 역설, 이것이 우리가 마주한 현실입니다.

그러니 인공지능 활용법을 익히는 것도 중요하지만, 기본기를 다지는 일도 결코 소홀히 해서는 안 됩니다. 읽고, 쓰고, 생각하는 기초적인 능력부터 각자의 분야에서 필요한 핵심 역량까지 말입니다. 잘못된 번역을 가려낼 수 있는 외국어 능력, 코딩 오류를 수정할 수 있는 이해력, 산만한 텍스트에서 핵심을 뽑아내는 문해력. 이러한 능력들은 인공지능이 아무리 발전해도 저절로 생겨나지 않습니다.

나 자신의 역량을 '0'에서 '1'로 올리는 것은 온전히 여러분의 몫입니다. 1이 10이 되고, 100이 되는 동안 겪을 수많은 시행착오와 그 과정에 깃든 땀이 인공지능을 만났을 때, 비로소 더 큰 가능성이 열릴 것입니다.

# 인공지능과 함께하기 위한 마음가짐

## 새로운 도구를 두려워하지 말자

우리는 앞서 할루시네이션 사례 중 하나로 인공지능이 "5.11이 5.9보다 크다"라고 말하는 것을 살펴봤습니다. "세종대왕이 맥북 프로를 던졌다"고 이야기한 사례도 봤죠.

하지만 인공지능이 가끔 엉뚱한 답을 내놓는다는 이유만으로 완전히 배척해 버려서는 안 됩니다. 그것은 앞으로 다가올 변화를 스스로 차단하는 셈이니까요.

2400년 전, 소크라테스는 문자의 발명이 인간의 기억력과 사고력을 약화시킬 것이라고 우려했습니다. 그는 문자가 사람들을 외부 지식에 의존하게 만들고 진정한 지혜를 얻는 것을 방해한다고 경고했죠. 그러나 역사적으로 문자는 오히려 인류 문명의 발전을 이끌었습니다.

15세기 구텐베르크의 인쇄술 발명 당시에도 비슷한 우려가 있었습니다. 기계로 찍어 낸 책의 가치를 의심하는 목소리가 많았습니다. 그럼에도 이후 인쇄술은 지식의 대중화를 이끌며 르네상스와 종교 개혁의 토대가 되었습니다.

현대에도 비슷한 이야기가 계속됩니다. 여러분은 코닥Kodak 이라는 회사를 알고 있나요? 요즘 학생들에게는 의류 브랜드로 인식되는 이 회사는 사실 엄청난 규모의 카메라 회사였습니다. '필름 카메라' 하면 단연 코닥이었던 시절이 있었죠.

더 놀라운 사실은 코닥이 디지털카메라를 처음으로 발명했다는 점입니다. 1975년, 코닥의 엔지니어였던 스티브 새슨Steve Sasson 이 만들었죠.

그런데 안타깝게도 코닥은 이 혁신적인 발명품을 제대로 활용하지 못했습니다. 회사 경영진은 디지털카메라가 널리 퍼지면 필름이 팔리지 않을까 봐 걱정했습니다. 그래서 이 놀라운 기술의 상용화를 미루고 미뤘죠.

그사이 다른 회사들이 디지털카메라 시장을 선점했고, 한때 세계 최고였던 코닥은 결국 파산하고 말았습니다. 반면 새로운 변화를 적극적으로 받아들인 기업들은 빠르게 성장할 수 있었습니다.

이런 모습은 인간의 본성과도 관련이 있습니다. 인류에게는 변화를 두려워하고 새로운 것을 거부하려는 경향이 있죠. 이 때문에 보였습니다. 산업 혁명 시기에는 기계에게 일자리를 빼앗길까 봐 두려워한 노동자들이 기계를 파괴하는 일까지 벌어졌습니다. 결과적으로 '러다이트Luddite 운동'이라고 부르는 이 저항 운동은 시대의 흐름을 막지 못했습니다. 변화에 적응하지 못한 이들은 더 큰 어려움을 겪고 말았죠.

이 사례들의 공통점은 최신 기술을 배척하기보다 그것을 어떻게 내 것으로 만들 것인가를 고민해야 한다는 점입니다. 즉 인공지능이 완벽하지 않음을 인지하고, 오류를 발견하고, 비판적으로 사고하며 더 좋은 정보를 이끌어 내는 것이야말로 우리가 해야 할 일입니다.

코닥의 카메라

인공지능이 놓친 부분을 채우거나 인공지능의 오류를 분석하면서 새로운 아이디어를 얻을 수도 있죠. 앞서 본 5.11과 5.9 비교 사례를 다시 한번 살펴볼까요? 인공지능이 실수한 것은 분명합니다. 하지만 이런 실수는 오히려 좋은 배움의 기회가 될 수 있습니다. 인공지능에게 5.9가 사실은 5.90이니, 90과 11을 비교하면 어떨지 다시 질문해 보는 건 어떨까요?

그랬는데도 인공지능이 또 틀린 답을 내놓는다면, 인공지능에게 코딩을 통해 두 수를 비교해 보라고 하는 것도 좋은 방법입니다. 요즘은 추론에 특화된 인공지능도 많이 있으니 수학적인 문제는 이런 인공지능을 활용해도 되죠.

이처럼 인공지능의 오류를 바로잡는 과정에서 우리는 더 깊이 있는 사고를 할 수 있습니다. 소크라테스의 우려와 달리 문자가 인간의 사고력을 확장시켰던 것처럼 말입니다.

새로운 기술이 등장할 때마다 인류는 막연한 두려움과 거부감을 느꼈지만, 그때마다 변화를 받아들이고 이를 지혜롭게 활용한 이들이 시대를 이끌어 왔습니다. 인공지능은 우리의 적이 아닙니다. 오히려 우리의 능력을 보완하고 확장시켜 주는 든든한 동반자입니다.

앞에서 말했듯이 변화를 잘 수용하기 위해서는 AI 리터러시가 필요합니다. 인공지능의 한계를 알고 그것을 보완하면서 함께 성장하는 것. 이것이야말로 우리가 가져야 할 진정한 마음가짐이자 미래 사회에 필요한 진짜 'AI 리터러시' 입니다.

인공지능에 대한
지나친 의존은 금물

스마트폰이 고장 난 적 있나요? 갑자기 검은 화면만 보이면 누구나 당황하기 마련입니다. 친구에게 전화도 못 하고, 약속 장소도 찾아가기 힘들어지죠. 심심할 때도 무엇을 해야 할지 몰라 멍하니 앉아 있어야 할 거예요.

그렇다면 만약 모든 인공지능이 갑자기 멈춘다면 어떨까요? 검색도 안 되고, 내비게이션도 작동하지 않고, 번역기도 먹통이 되고 심지어 신호등까지 멈춰 버린다면 말이죠. 아마도 사회는 순식간에 큰 혼란에 빠질 것입니다.

이런 상상이 꼭 먼 미래의 이야기만은 아닙니다. 실제로 2023년 12월, 챗GPT가 약 네 시간 동안 멈추는 큰 사고가 있었는데요. 이때 벌어진 일을 보면 우리가 얼마나 인공지능에 의존하고 있는지 잘 알 수 있습니다.

전 세계의 온라인 커뮤니티와 SNS에서 아우성이 터져 나왔죠.

과제 마감이 코앞인데 챗GPT가 작동하지 않아 에세이도 못 쓰고 코딩도 못 하고 있다는 하소연이 쏟아졌습니다. 이때 한국은 오후 시간이었는데요. 저 역시 코딩을 할 수 없어 어쩔 수 없이 일찍 퇴근을 했었습니다.

이후에도 챗GPT는 가끔 몇 시간씩 서비스가 중단되곤 했습니다. 그때마다 불편을 호소하는 글들이 인터넷에 넘쳐 났죠. 불과 몇 년 전만 해도 상상할 수 없었던 일이 실제로 벌어지고 있습니다. 이제는 많은 사람이 인공지능 없이는 일상적인 과제조차 해결하기 어려워하죠.

놀랍게도 기계가 멈춘다는 상상은 백 년도 더 전에 이미 한 작가의 머릿속에서 펼쳐진 적이 있습니다. 영국의 작가 E. M. 포스터 E. M. Foster가 1909년에 『기계가 멈춰 서다The Machine Stops』에서 지하에 사는 인류가 모든 것을 기계에 의존하는 미래를 그린 소설을 냈거든요.

이 세상에서는 음식을 만드는 것도, 정보를 찾는 것도, 심지어 다른 사람과 대화하는 것도 전부 기계를 통해서 이뤄집니다. 그러던 어느 날, 갑자기 기계가 멈춥니다. 사람들은 아무것도 할 수 없어 공포에 빠집니다. 이미 스스로 생각하고 행동하는 능력을 잃어버렸기 때문이죠.

이 오래된 소설은 기술에 지나치게 의존하는 것이 위험하다고 경고합니다. 오늘날 우리는 점점 더 많은 것을 인공지능에게 맡기고 있습니다. 길 찾기, 글쓰기, 정보 검색은 물론이고, 스스로 생각하고 판단해야 하는 일까지도 물어봅니다. 특정 상황에서 어떻게 해야 할지 고민하는 것조차 인공지능에 의존하는 시대가 된 것입니다.

하버드 대학의 쇼샤나 주보프Shoshana Zuboff 교수는 이런 현상을 '감시 자본주의surveillance capitalism'라고 부릅니다. 감시 자본주의란 우리의 일상적인 행동과 경험이 기업의 이윤을 위한 '원자재'가 되어 버린 새로운 경제 체제를 말합니다. 우리가 남기는 SNS 글, 검색 키워드, 클릭하는 광고, 스마트폰으로 측정되는 걸음 수까지 모든 데이터가 수집되고 분석됩니다. 기업들은 이 정보를 바탕으로 우리의 취향을 파악하고, 그들의 제품을 선택하도록 교묘하게 유도하죠.

이런 감시 자본주의는 AI 시대에 더욱 강력해지고 있습니다. 과거에는 단순히 우리가 무엇을 했는지 '추적'했다면, 이제는 인공지능이 그 데이터를 학습해서 우리가 무엇을 할지 '예측'합니다. 내가 좋아할 만한 영화나 상품을 추천하는 것이 사실은 우리의 행동을 예측하고 유도하기 위한 결과물인 셈이죠.

이런 시스템은 점점 더 정교해지고 있습니다. 처음에는 구글이나 페이스북 같은 빅 테크들이 시작했지만, 이제는 거의 모든 기업

인공지능과 감시 자본주의

이 이 방식을 활용합니다.

어느 날, 여러분이 온라인 쇼핑몰에서 운동화를 검색했습니다. 그러면 며칠 동안 여러분의 인스타그램에는 운동화 광고가 가득 뜰 겁니다. 유튜브는 운동화 리뷰 영상을 추천하고, 음악 애플리케 이션은 조깅할 때 듣기 좋은 음악을 소개해 주겠죠. 마치 누군가가 여러분의 생각을 읽고 미래 행동을 유도하는 것처럼요.

문제는 이런 추천이 우리의 선택을 제한한다는 점입니다. 인공 지능 알고리즘이 던져 주는, 내가 좋아하는 정보만 소비하다 보면 어느새 나의 주관적인 생각은 사라집니다. 거대한 감시 자본주의가 만든 시스템의 부속품으로 살게 될 위험이 커지는 것입니다. 애플리케이션에서 추천하는 영상만 시청하고 인공지능이 알려 주는 문제 풀이를 무비판적으로 수용하게 된다면, 스스로 '왜?'라고 묻는 힘은 점점 약해질 수밖에 없습니다.

더 무서운 건 우리가 이런 상황을 당연하게 받아들인다는 겁니다. 조지 오웰George Orwell이 1949년에 출간한 소설 『1984』에 나오는 '빅 브라더'는 대놓고 시민들을 감시하며 두려움에 떨게 했습니다. 하지만 오늘날의 감시는 너무나 달콤합니다. 좋아하는 것을 추천해 주겠다는 인공지능 서비스의 목소리 뒤에는 다른 것은 찾아보지 말라는 속삭임이 숨어 있는 것 같습니다. 결국 우리의 모든 선택은 점점 인공지능이 만든 틀 안에서만 이뤄지고 있습니다.

우리가 인공지능을 활용하는 모습을 돌아봅시다. 수학 문제를 풀다가 막힐 때 곧장 인공지능에게 물어보고, 글쓰기 숙제를 할 때도 인공지능에 의존하고 있지 않나요?

독일의 대문호 괴테Johann Wolfgang von Goethe가 쓴 『파우스트』(1808, 1832)에는 주인공 파우스트가 지식과 능력을 얻기 위해 악마와 계약을 맺는 장면이 나옵니다. 그 후 파우스트는 영혼을 잃고 파멸의 위기에 직면합니다.

파우스트의 행동은 오늘날 우리의 모습과 닮았습니다. 우리도 인공지능이라는 강력한 도구와 계약을 맺었죠. 이 도구는 엄청난 편리함과 능력을 제공하지만, 자칫하면 우리의 영혼, 즉 사고력과 판단력을 앗아 갈 수도 있습니다.

하지만 파우스트가 끊임없는 탐구와 노력으로 구원받은 것처럼 우리에게도 희망은 있습니다. 인공지능을 무조건 거부할 필요도, 맹목적으로 받아들일 필요도 없습니다. 중요한 것은 '끊임없이 탐구하는 정신'을 잃지 않는 것입니다.

지금 우리는 매우 중요한 세 갈래 길 앞에 서 있습니다. 한쪽은 인공지능을 완전히 거부하는 길이고, 다른 한쪽은 인공지능에게 모든 것을 맡기는 길입니다. 그리고 가운데에는 인공지능과 함께 하지만 우리의 판단력을 지켜 나가는 길이 있죠.

양 끝의 길은 편안하게 걸을 수 있습니다. 하지만 가운데 길은 어렵고 험난할지도 모르죠. 매 순간 균형을 잡으며 걸어가야 하니까요. 그렇지만 이 어려운 길을 끝까지 잘 걸어 낸다면, 우리의 미래는 크게 달라질 것입니다. 여러분은 어떤 선택을 할 건가요?

# 결국 필요한 건 AI 리터러시

## AI 리터러시, 이것부터 시작하자

지금까지 우리는 인공지능의 다양한 면모를 살펴봤습니다. 챗 GPT와 같은 생성형 인공지능이 어떻게 작동하는지, 할루시네이션과 같은 문제점은 무엇인지, 이를 어떻게 활용해야 하는지까지 말이죠.

모든 걸 종합하면 결론은 하나로 귀결됩니다. 바로 AI 리터러시가 앞으로 더욱 중요해진다는 사실입니다. 앞서 이야기했던 내용을 총정리해 보겠습니다.

AI 리터러시란 인공지능이 제공하는 정보를 제대로 이해하고, 비판적으로 평가하며, 윤리적으로 활용할 수 있는 힘을 말합니다.

그리고 AI 리터러시의 핵심에는 두 가지 기본 능력이 있습니다. 바로 '문해력'과 '소통 능력'입니다.

문해력은 글 속에 담긴 의도를 파악하는 능력입니다. 인공지능이 제공하는 정보를 제대로 이해하고 그 속에 숨은 의미를 발견하려면 이런 깊이 있는 읽기 능력이 필수입니다. 소통 능력은 인공지능에게 올바른 질문을 던지고, 그 답변을 세심하게 해석하는 기술입니다. 정확한 요구 사항을 제시하고, 답변이 타당한지 끊임없이 따져 묻는 태도가 핵심입니다.

유명한 무술가 이소룡은 1971년 한 인터뷰에서 "물처럼 되어라 (Be water, my friend)"라는 말을 남겼습니다. 이 말은 유연성과 적응력의 중요성을 강조하는 그의 무술 철학을 반영하고 있습니다. 물은 어떤 모양의 그릇에 들어가더라도 그 본질은 조금도 훼손되지 않으니까요.

AI 리터러시는 물과 닮았습니다. 새로운 기술을 유연하게 받아들이되, 우리의 본질인 사고력과 판단력은 결코 놓치지 않는 것. 이것이 우리가 가야 할 길입니다.

그렇다면 어떻게 해야 이 길을 걸어갈 수 있을까요? 우선 질문하는 습관을 길러야 합니다. 인공지능의 답변이 아무리 그럴듯해도 정말 정확한지 의심하며 끊임없이 스스로에게 그리고 인공지능에게 질문을 던져 보세요. 챗GPT에게 역사적 사실을 물어본다면,

그 답변을 교과서나 다른 자료와 비교하는 수고를 아끼지 않아야 합니다. 수학 문제 풀이를 맡겼다면, 계산 과정을 하나하나 살펴보며 주도적으로 이해하려고 노력해야 합니다.

두 번째로 중요한 건 맥락을 읽는 힘입니다. 인공지능이 하는 대답은 결코 하늘에서 뚝 떨어지는 것이 아닙니다. 인공지능이 학습하는 데이터의 편향성이나 최신성 여부에 따라 답변의 방향이 달라지죠. 따라서 답변이 나온 맥락과 배경을 이해하는 것이 매우 중요합니다.

창의적 활용 능력도 빼놓을 수 없죠. 인공지능은 우리의 생각을 대신하는 존재가 아니라 우리의 사고를 한 단계 더 넓혀 주는 도구입니다. 글을 쓸 때 대화를 주고받으며 영감을 얻거나 복잡한 문제를 풀 때 여러 대안을 탐색하는 등, 인공지능을 다양하게 활용해 보세요.

우리는 새로운 시대의 문턱에 서 있습니다. 과거에는 읽고 쓰는 능력이 필수였다면, 이제는 여기에 더해 인공지능과 소통하고 활용하는 능력이 기본 소양이 될 날이 머지않았습니다.

이런 변화를 두려워할 필요는 없습니다. 우리에게는 무엇보다 강력한 도구가 있으니까요. 바로 '질문하고 사고하는 힘'입니다. 이 힘만 있으면 어떤 인공지능이든 현명하게 다룰 수 있습니다.

## AI 리터러시로 준비하는 미래

2025년 1월, 세계 최대 가전·IT 전시회인 CES<sup>The International Con-</sup>sumer Electronics Show에서 AI 시대에 가장 큰 수혜를 받은 기업인 엔비디아의 CEO 젠슨 황<sup>Jensen Huang</sup>의 기조연설이 있었습니다. 그는 연설을 마친 후 기자 간담회를 진행했는데요. 여기서 한 기자가 의미 있는 질문을 던졌습니다. AI 시대를 맞이한 학생들이 어떤 공부를 해야 하는지, 학교는 어떤 종류의 지식을 전달해야 하는지에 대한 질문이었죠.

젠슨 황은 자신의 경험을 먼저 꺼냈습니다. 자신이 과학 연구를 위해 억지로라도 컴퓨터를 다뤄야 했던 첫 세대였다는 것이었죠. 이어서 다음 세대는 인공지능을 활용해 업무를 수행하는 방법을 배워야 할 것이라고 설명했습니다.

그의 답변은 한 문장으로 집약됩니다.

**"AI가 새로운 컴퓨터이기 때문이다."**

이 짧은 말 속에는 날카로운 통찰이 담겨 있습니다. 2000년대 초반을 살아온 세대가 컴퓨터와 함께 성장하며 워드와 엑셀, 파워포인트 같은 프로그램을 필수적으로 배워야 했던 것처럼, 앞으로의 세대는 인공지능과 협업하는 방법을 반드시 익혀야 한다는 것입니다. 더 이상 선택의 문제가 아니라는 의미죠.

젠슨 황의 인터뷰가 있고 얼마 지나지 않아, 세계 경제 포럼The World Economic Forum, WEF에서 충격적인 보고서를 발표했습니다. 2030년까지 9,200만 개의 직업이 사라지고, 동시에 1억 7,000만 개의 새로운 직업이 생긴다는 예측이었죠. 특히 반복적인 업무가 많은 은행원, 사무직원, 데이터 입력원 같은 직종이 빠르게 사라질 가능성이 높다고 전망했습니다.

실제로 세일스포스Salesforce의 CEO 마크 베니오프Marc Benioff는 2025년에 소프트웨어 엔지니어를 더 이상 뽑지 않겠다고 선언했습니다. 인공지능 도입으로 생산성이 30퍼센트나 증가했기 때문이었죠. 세일스포스는 인터넷 저장 시스템인 클라우드를 기반으로 고객 관리 서비스 CRMCustomer Relationship Management 설루션을 제공하는 IT 기업으로, CRM 분야에서 점유율 1위를 고수 중인 대표적인 빅 테크입니다.

이런 소식을 들으면 불안해집니다. 인공지능이 우리의 일자리를 다 빼앗는다면 우리는 무슨 일을 할 수 있을까요?

하지만 이 이야기에는 중요한 메시지가 담겨 있습니다. 하버드 비즈니스 스쿨의 카림 라카니Karim Lakhani 교수가 잡지 『하버드 비즈니스 리뷰Harvard Business Review, HBR』(2023)에 기고한 글의 제목이

기도 한데요.

"인공지능이 인간을 대체하지는 않을 것이다. 하지만 인공지능을 활용하는 인간이 그렇지 않은 인간을 대체할 것이다."

라카니 교수는 인터넷이 정보 전달 비용을 획기적으로 낮췄듯이 인공지능도 인간의 사고와 의사 결정 비용을 크게 낮출 것이라고 말합니다. 어떤 직업을 선택하든 그 분야에서 얼마나 인공지능을 잘 활용하는지가 핵심 경쟁력이 될 것이라는 말이죠. 인공지능이 아니라, 인공지능을 더 잘 활용하는 자가 내 일자리를 빼앗을 수 있다는 이야기도 됩니다.

인공지능이 글을 잘 쓴다고 해서 작가라는 직업이 없어질까요? 그렇지 않습니다. 하지만 인공지능과 대화하며 아이디어를 발전시키고, 더 나은 표현을 찾아가는 작가와 그렇지 않은 작가 사이에는 분명한 차이가 생길 것입니다. 중요한 것은 인공지능이 생성한 내용을 그대로 사용하는 것이 아니라 인간만이 가진 직감과 비판적 시각을 더해 보다 풍부한 결과물을 만드는 것이죠.

지금까지 우리는 긴 여정을 함께했습니다. 이제 AI 시대의 문 앞에 도착했죠. 그리고 이 문을 여는 열쇠는 바로 AI 리터러시입니다. 두려워할 필요 없습니다. 우리에게는 인공지능이 절대 가질 수 없는 것들이 있으니까요. 직관, 공감, 창의성, 비판적 사고 같은 능력은 여전히 사람의 손끝과 생각 속에서만 피어납니다. 그리고 이런 능력이야말로 인공지능이라는 새로운 컴퓨터를 가장 현명하게 다룰 수 있는 힘입니다.

결국 AI 시대에 가장 필요한 건 '함께하는 지혜'일지도 모릅니다. 인공지능과 함께 그리고 사람들과 함께 배우고 성장하려는 마음가짐 말입니다. 우리가 인공지능을 배척하거나 맹목적으로 추종하지 않고 균형을 잡으며 활용한다면, 훨씬 넓은 세계가 눈앞에 펼쳐질 거예요. 그 세계를 함께 만들어 가 볼까요?

## 프로그래밍 언어의 변화

　우리는 다른 사람들과 소통할 때 언어를 사용합니다. 마찬가지로 컴퓨터 세계에도 언어가 있습니다. 바로 프로그래밍 언어입니다. 이 언어는 시대에 따라 크게 변화했는데요. 그 변화를 살펴보면 흥미로운 점을 발견할 수 있습니다.

　1990년대에는 C 언어가 프로그래밍 언어의 대표 주자였습니다. 하드웨어를 직접 제어할 수 있는 강력한 기능을 가져서 많은 사랑을 받았죠. 하지만 초보자가 배우기에는 너무 어렵다는 단점이 있었습니다. 이후 자바Java가 등장하며 더 안정적이고 확장성 있는 프로그래밍이 가능해졌습니다. 최근 인공지능을 구현하는 데에도 가장 많이 활용되는 파이썬이 쉽고 직관적인 문법으로 큰 인기를 얻고 있습니다.

　그런데 최근 생성형 인공지능의 등장으로 또 다른 혁신이 일어나고 있습니다. 인공지능이 코딩 기능을 갖추면서 이제는 복잡한 프로그래밍 언어 대신 우리가 일상에서 사용하는 언어로 인공지능과 소통하며 코드를 만들 수 있게 되었습니다. 깃랩GitLab의 이사 저스틴 패리스Justin Farris는 "가장 인기 있는 프로그래밍 언어는 영어"라고까지 했죠.

이로 인해 이제는 복잡한 프로그래밍 문법을 외우는 것보다 자신의 생각을 명확하게 표현하는 능력이 더 중요해졌습니다. 우리가 영어로 전 세계 사람들과 소통하듯이 우리의 언어로 인공지능과 소통하며 프로그램을 만들 수 있게 된 것이죠.

여기서 우리는 다시 한번 AI 리터러시의 중요성을 확인할 수 있습니다. 앞으로 인공지능은 코딩뿐만 아니라 더 많은 분야에서 인류의 파트너가 될 것입니다. 그때 가장 필요한 능력 역시 인공지능과 효과적으로 소통하는 능력이겠죠. 이것이 우리가 AI 리터러시를 배워야 하는 이유입니다.

# 인간을 뛰어넘는
# 인공지능이
# 등장할까?

지금까지 우리는 인류의 오랜 꿈이었던 '생각하는 기계'가 어떻게 탄생했는지, 생성형 인공지능이 우리 삶을 어떻게 바꾸고 있는지, 이 기술을 어떻게 현명하게 활용할 수 있는지 살펴보았습니다. 이제 마지막으로 한 가지 질문을 던져 보려 합니다.

과연 인공지능은 어디까지 발전할 수 있을까요?

이에 답하기 위해서는 인공지능의 발전 단계를 살펴볼 필요가 있습니다. 인공지능은 크게 '약인공지능weak AI'과 '강인공지능strong AI'으로 나눌 수 있습니다. 우리가 지금 사용하는 인공지능은 모두 약인공지능입니다. 알파고는 바둑은 잘 두지만 체스는 못 두고, 챗GPT는 언어 관련 작업에만 특화되어 있죠. 이처럼 약인공지능은 특정 분야에서만 뛰어난 성능을 보입니다.

인간처럼 생각하고 판단하는 강인공지능은 아직 이론 단계에 머물러 있습니다. 최근에는 이를 더 세분화해서 인공일반지능Artificial General Intelligence, AGI과 초인공지능Artificial Super Intelligence, ASI으로 구분합니다. 이 중 AGI는 스스로 학습하고 다양한 문제를 해결할 수 있는 '범용 인공지능'을 말합니다. 구글 딥마인드는 '프로젝트 아스트라Project Astra'를 통해, 오픈AI는 회사 설립 때부터 AGI 개발을 목표로 삼고 있습니다.

오픈AI는 인공지능 발전 단계를 총 5단계로 구분했는데, 현재 챗GPT는 2단계인 '추론자' 수준에 근접했다고 평가합니다. 실제로 오픈AI의 추론 모델 'o1'은 국제 수학 올림피아드 문제의 83.3퍼센트를 해결했고, 수능 국어에서도 97점으로 1등급을 받았습니다. 구글 딥마인드의 인공지능도 국제 수학 올림피아드에서 은메달급 성적을 거두었죠.

여기서 주목해야 할 점은 인공지능의 발전 속도입니다. 종종 아침에 눈을 뜨면 인간의 지능을 뛰어넘는 인공지능 서비스가 등장했다는 뉴스를 볼 수 있습니다. 미래학자 레이 커즈와일Ray Kurzweil은 더 나아가 '특이점'이라는 개념을 제시했습니다. 그는 2029년에 AGI가 등장하고, 2045년이면 자연 지능과 인공지능이 완전히 하나가 될 거라고 예측했습니다. 이때가 되면 난치병 치료나 노화 방지, 나아가 우주의 비밀이나 생명의 기원 같은 인류의 오랜 의문도

레벨 5  조직, 조직의 업무를 수행할 수 있는 AI

레벨 4  혁신가, 발명을 돕는 AI

레벨 3  에이전트, 행동을 수행하는 AI

레벨 2  추론자, 인간 수준의 문제 해결 능력을 갖춘 AI

레벨 1  챗봇, 대화형 언어를 가진 AI

오픈 AI가 상상하는 우리의 AI 미래

풀 수 있을지 모릅니다.

하지만 동시에 우려도 있습니다. 영화 〈터미네이터〉나 〈매트릭스〉 시리즈처럼 인공지능이 통제를 벗어나 인류를 위협할 수도 있다는 것이죠.

결국 우리가 마주할 미래는 인공지능과 함께 더 나은 세상을 만들거나, 통제력을 잃은 인공지능에 의해 위험한 상황에 처하는 두 갈래 길 중 하나가 될 것입니다. 때문에 우리가 어떤 미래를 원하는지 미리 생각하고 그에 맞춰 준비하는 것이 중요하죠. 인공지능을 이해하고, 올바르게 활용하는 방법을 배우는 것. 그것이 바로 인공지능과 함께하는 밝은 미래를 만드는 시작이 될 것입니다.

**단행본**

미셸 푸코, 『권력과 공간』, 이상길 옮김, 문학과지성사, 2023.
쇼샤나 주보프, 『감시 자본주의 시대』, 김보영 옮김, 문학사상, 2021.
캐스 R. 선스타인, 『우리는 왜 극단에 끌리는가』, 이정인 옮김, 프리뷰, 2011.
한스 게오르크 가다머, 『과학 시대의 이성』, 박남희 옮김, 책세상, 2024.

Alan M. Turing, Computing machinery and intelligence, Springer Netherlands, 2009.
E. M. Forster, The Machine Stops, First published in the Oxford and Cambridge Review, November 1909.
Ray Kurzweil, The Singularity Is Nearer: When We Merge with AI, Random House, 2024.

**논문**

장미경, 「챗GPT 시대, 인공지능 리터러시의 필요성과 역할」, 『KOFAC 이슈 페이퍼』 2024-4, 한국과학창의재단, 2024.

Alan M. Turing, "On computable numbers, with an application to the Entscheidungsproblem", Proceedings of the London Mathematical Society Series 2 - 42, 1936, pp. 230~242.

Binghui Peng, Srini Narayanan, Christos Papadimitriou, "On limitations of the transformer architecture", arXiv 2402.08164, 2024.

David E. Rumelhart, Geoffrey E. Hinton, Ronald J. Williams, "Learning representations by back-propagating errors", nature 323.6088, 1986, pp. 533~536.

D. Long, B. Magerko, "What is AI literacy? Competencies and design considerations", International Conference on Human Factors in Computing Systems, 2020, pp. 1~16.

Geoffrey E. Hinton, Simon Osindero, Yee-Whye The, "A fast learning algorithm for deep belief nets", Neural computation 18.7, 2006, pp. 1527~1554.

Ikhlaq ur Rehman, "Facebook-Cambridge Analytica data harvesting: What you need to know", Library Philosophy and Practice, 2019, pp. 1~11.

Jeremy M. DeSilva, James F. A. Traniello, Alexander G. Claxton, Luke D. Fannin, "When and why did human brains decrease in size? A new change-point analysis and insights from brain evolution in ants", Frontiers in Ecology and Evolution 9, 2021, 742639.

Piotr Wojciech Mirowski, Juliette Love, Kory W. Mathewson, Shakir Mohamed, "A Robot Walks into a Bar: Can Language Models Serve as Creativity SupportTools for Comedy? An Evaluation of LLMs' Humour Alignment with Comedians", The 2024 ACM Conference on Fairness, Accountability, and Transparency, 2024.

Ray Kurzweil, "The singularity is near", Ethics and emerging technologies, London: Palgrave Macmillan UK, 2005.

Ziwei Ji, Nayeon Lee, Rita Frieske, Tiezheng Yu, Dan Su, Yan Xu, Etsuko Ishii, Ye Jin Bang, Andrea Madotto, Pascale Fung, "Survey of hallucination in natural language generation", ACM Computing Surveys Volume 55, Issue 12, 2023, pp. 1~38.

## 기사 및 칼럼

경찰청, 「딥페이크 영상물 퍼뜨리는 것도 처벌 대상입니다.」, 대한민국 정책브리핑, 2024.09.04, https://www.korea.kr/multi/visualNewsView.do?newsId=148933457

김경민·조동현, 「10대 딥페이크…"당신의 자녀가 위험하다"」, 매일경제, 2024.09.06, https://www.mk.co.kr/economy/view.php?no=664536&sc=50000001&year=2024

김도형, 「"세종대왕 맥북 던짐 사건 알려줘" 물었더니… 챗GPT의 엉뚱 답변 '밈'으로 유행 중」, 한국일보, 2023.02.23,

https://www.hankookilbo.com/News/Read/A2023022215200000727

김선우, 「사진왕국 코닥의 몰락… 도대체 무슨 일이?」, 동아비즈니스리뷰, 2012.02,

    https://dbr.donga.com/article/view/1206/article_no/4779/ac/magazine

김소연, 「송은이·백종원·이영애도 당했다…"저희와 상관없어요."」, 한국경제, 2023.10.23,

    https://www.hankyung.com/article/2023102372697

김정우, 「[미국 대선 ABC] 가짜 뉴스 (2) 2016년 대선과 가짜 뉴스」, VOA Korea, 2020.07.27,

    https://www.voakorea.com/a/6034251.html

김주완, 「쏟아지는 생성 AI…글로벌 사용자 1위는?」, 한경Geeks, 2023.10.01,

    https://www.hankyung.com/article/202309269958i

노재현, 「국내 최고 인기 생성형 AI 앱은 챗GPT…"7월 사용자 396만명"」, 연합뉴스, 2024.08.29,

    https://www.yna.co.kr/view/AKR20240829154400017

매일경제 미라클레터

    https://stibee.com/api/v1.0/emails/share/ZInTfskOxduFyLo1jWzuj97PiUIGgsU

박정은, 「세계경제포럼 "AI 기술로 전세계 일자리 급변… 2030년까지 22% 바뀐다"」, 전자신문,
    2025.01.08,

    https://www.etnews.com/20250108000438

송진식, 「전세계가 놀란 AI '가짜 바이든', 이대로 괜찮습니까」, 경향신문, 2023.11.06,

    https://www.khan.co.kr/national/media/article/202311060830011

양준석, 「'미디어리터러시'와 '디지털리터러시' 차이」, AI타임스, 2024.07.05,

    https://www.aitimes.com/news/articleView.html?idxno=161348

윤다빈, 「"펜타곤 대형 폭발" AI가 만든 딥페이크 사진 퍼지자…美증시 출렁」, 동아일보, 2023.05.23,

    https://www.donga.com/news/Inter/article/all/20230523/119441164/1

임대준, 「"AI로 인해 아이들 코딩 교육보다 판단력 학습이 더 중요해져"」, AI 타임스, 2024.01.22,

    https://www.aitimes.com/news/articleView.html?idxno=156649

임대준, 「코카콜라, 생성 AI로 30년 전 TV 광고 재탄생」, AI TIMES, 2024.11.17,

    https://www.aitimes.com/news/articleView.html?idxno=165408

정호준·이용익, 「"올해 문제 쉽네요"…챗GPT가 수능 국어 봤더니, 놀라운 성적이」, 매일경제,
    2024.11.19,

    https://www.mk.co.kr/news/it/11172695

조나단 로즌 Jonathan W. Rosen, 「슈퍼슈즈(Super Shoes), '신발 기술' 혁명이 스포츠를 바꾸고 있
    다」, MIT Technology Review Korea, 2024.07.11,

    https://www.technologyreview.kr/장거리-달리기의-판도를-바꿔놓는-슈퍼슈즈의-위용/

존 에드워즈 John Edwards, 문정후, 「인공지능의 편향성 문제, 얼마나 심각하고 어떻게 해결하
    나?」, 보안뉴스, 2023.08.08,

    https://m.boannews.com/html/detail.html?idx=120863&skind=D&utm_source=chatgpt.
    com

Ariel Bleicher, "The algorithms around us: Three books explore the promise and peril of artificial intelligence.", MIT Technology Review, 2024.10.23,

    https://www.technologyreview.com/2024/10/23/1105260/ai-book-review-andrew-smith-ethan-mollick-hannah-silva/

Adi Robertson, "Wikipedia hoax about a war that never happened deleted after 5 years", The Verge, 2013.01.06,

    https://www.theverge.com/2013/1/5/3839946/wikipedia-hoax-about-bicholim-conflict-deleted-after-5-years

"AI Literacy", Digital Promise

    https://digitalpromise.org/initiative/artificial-intelligence-in-education/ai-literacy/

Alexandra Tremayne-Pengelly, "'Godfather of A.I.' Geoffrey Hinton Wins the Nobel Prize in Physics", OBSERVER, 2024.08.10,

    https://observer.com/2024/10/godfather-ai-geoffrey-hinton-wins-nobel-prize-physics/

AlphaProof and AlphaGeometry teams, "AI achieves silver-medal standard solving International Mathematical Olympiad problems", Google DeepMind, 2024.07.25,

    https://deepmind.google/discover/blog/ai-solves-imo-problems-at-silver-medal-level/

"Amazon scrapped 'sexist AI' tool", BBC News, 2019.10.10,

    https://www.bbc.com/news/technology-45809919

Anuj Mudaliar, "ChatGPT Leaks Sensitive User Data, OpenAI Suspects Hack", Spiceworks, 2024.02.01,

    https://www.spiceworks.com/tech/artificial-intelligence/news/chatgpt-leaks-sensitive-user-data-openai-suspects-hack/

"Caution: use of AI chatbot may lead to data breaches", the Dutch DPA, 2024.08.06,

    https://www.autoriteitpersoonsgegevens.nl/en/current/caution-use-of-ai-chatbot-may-lead-to-data-breaches

Connie Lin, "How to trick OpenAI's ChatGPT", Fast Company, 2022.12.05,

    https://www.fastcompany.com/90819887/how-to-trick-openai-chat-gpt

"Cracking stuff: how Turing beat the Enigma", University of Manchester, 2018.11.28

    https://www.mub.eps.manchester.ac.uk/science-engineering/2018/11/28/cracking-stuff-how-turing-beat-the-enigma/

David Sweenor, "Generative AI vs. Traditional AI: What's Better?", 2023.12.21,

    https://www.linkedin.com/pulse/generative-ai-vs-traditional-whats-better-david-sweenor-lg16e

Henry Martin, "Salesforce Will Hire No More Software Engineers in 2025, Says Marc Benioff", Salesforce Ben, 2024.12.18,

    https://www.salesforceben.com/salesforce-will-hire-no-more-software-engineers-in-2025-says-marc-benioff/

"Introducing OpenAI o1-preview", Open AI, 2024.09.12,

    https://openai.com/index/introducing-openai-o1-preview/

Jess Weatherbed, "Google confirms it's training Bard on scraped web data, too", The Verge, 2023.07.06,
https://www.theverge.com/2023/7/5/23784257/google-ai-bard-privacy-policy-train-web-scraping

Jodie Cook, "OpenAI's 5 Levels Of 'Super AI' (AGI To Outperform Human Capability)", Forbes, 2024.07.16,
https://www.forbes.com/sites/jodiecook/2024/07/16/openais-5-levels-of-super-ai-agi-to-outperform-human-capability/

Jordan Novet, "Eight newspaper publishers sue Microsoft and OpenAI over copyright infringement", CNBC, 2024.04.30,
https://www.cnbc.com/2024/04/30/eight-newspaper-publishers-sue-openai-over-copyright-infringement.html

Lian Kit Wee, "Raddit's CEO says Microsoft, Anthropic, and Perplexity scraping content is 'a real pain in the ass'", Business Insider, 2024.08.01,
https://www.businessinsider.com/reddit-slams-microsoft-anthropic-perplexity-ai-training-llms-model-licensing-2024-8

Melissa Heikkilä, "We are all AI's free data workers. Plus: DeepMind's game-playing AI just found another way to make code faster.", MIT Technology Review, 2023.06.13,
https://www.technologyreview.com/2023/06/13/1074560/we-are-all-ais-free-data-workers/

Molly Bohannon, "Lawyer Used ChatGPT In Court—And Cited Fake Cases. A Judge Is Considering Sanctions", Forbes, 2023.06.08,
https://www.forbes.com/sites/mollybohannon/2023/06/08/lawyer-used-chatgpt-in-court-and-cited-fake-cases-a-judge-is-considering-sanctions/

Natalie Sherman, "World's biggest music labels sue over AI copyright", BBC News, 2024.06.26,
https://www.bbc.com/news/articles/ckrrr8yelzvo

Orlando Osorio, "Claude vs. ChatGPT: A Comprehensive Comparison in 2025", 2024.09.12,
https://www.m8l.com/blog/claude-vs-chatgpt

Sasha Rogelberg, "Elon Musk says AI has already gobbled up all human-produced data to train itself and now relies on hallucination-prone synthetic data", Fortune, 2025.01.11,
https://fortune.com/2025/01/10/elon-musk-ai-training-data-running-out-human-synthetic-slop/

Tom Gerken, "Bill Gates: AI is most important tech advance in decades", BBC News, 2023.03.22,
https://www.bbc.com/news/technology-65032848

"What are AI hallucinations?", IBM (International Business Machines Corporation)
https://www.ibm.com/topics/ai-hallucinations

"What is Copyright?", U.S. Copyright Office
https://www.copyright.gov/what-is-copyright/

"What is AI Literacy? A Comprehensive Guide for Beginners", Data Camp, 2023.08.08,
https://www.datacamp.com/blog/what-is-ai-literacy-a-comprehensive-guide-for-beginners

## 녹취 및 영상

Harry Hinsley, 1993(1996), "The Influence of ULTRA in the Second World War", archived from the original on 15 October 2022, retrieved 26 August 2024 Transcript of a lecture given on Tuesday 19 October 1993 at Cambridge University.

"158,962,555,217,826,360,000 (Enigma Machine)"
https://www.numberphile.com/videos/158962555217826360000-enigma-machine?rq=enigma

( 사진 출처 )───────────────────────────────────────

· **Shutterstock**  19쪽 22쪽 68쪽 94쪽 179쪽 189쪽 194쪽 211쪽
· **Wikimedia Commons**  11쪽 15쪽 93쪽 113쪽 183쪽

· **Stable Diffusion**  35쪽
· **GPT-o1 pro**  108쪽
· **GPT-4o**  40쪽 41쪽 91쪽 106쪽(+검색 기능) 107쪽
· **GPT-4o mini**  43쪽
· **GPTs**  168쪽 170쪽
· **GPTs (AI PDF Drive)**  46쪽
· **GPTs (Data Analyst)**  48쪽 51쪽

· **The Verge** 71쪽
   (https://www.theverge.com/2024/2/21/24079371/google-ai-gemini-generative-inaccurate-historical)

# 한 발짝 더, AI 세상으로

ⓒ 최재운, 2025

초판 1쇄 인쇄일 | 2025년 4월 22일
초판 1쇄 발행일 | 2025년 5월 2일

지은이 | 최재운
펴낸이 | 정은영
편　집 | 우소연 장혜리 전유진
디자인 | 서은영
마케팅 | 최금순 이언영 연병선 송의정
저작권 | 신은혜 박서연
제　작 | 홍동근

펴낸곳 | (주)자음과모음
출판등록 | 2001년 11월 28일 제2001-000259호
주　소 | 10881 경기도 파주시 회동길 325-20
전　화 | 편집부 (02)324-2347, 경영지원부 (02)325-6047
팩　스 | 편집부 (02)324-2348, 경영지원부 (02)2648-1311
이메일 | jamoteen@jamobook.com

ISBN 978-89-544-5260-1 (44080)
　　　978-89-544-3135-4 (SET)